风险资本同盟的价值增值效应：
经济效果与作用机制

邓　立◎著

西南财经大学出版社

中国·成都

图书在版编目(CIP)数据

风险资本同盟的价值增值效应:经济效果与作用机制/邓立著.—成都:西南
财经大学出版社,2023.11
ISBN 978-7-5504-5976-2

Ⅰ.①风…　Ⅱ.①邓…　Ⅲ.①风险资本市场—研究—中国　Ⅳ.①F832.5

中国国家版本馆 CIP 数据核字(2023)第 213590 号

风险资本同盟的价值增值效应:经济效果与作用机制

FENGXIAN ZIBEN TONGMENG DE JIAZHI ZENGZHI XIAOYING:JINGJI XIAOGUO YU ZUOYONG JIZHI

邓　立　著

策划编辑:孙　婧
责任编辑:廖术涵
责任校对:周晓琬
封面设计:墨创文化
责任印制:朱曼丽

出版发行	西南财经大学出版社(四川省成都市光华村街55号)
网　　址	http://cbs.swufe.edu.cn
电子邮件	bookcj@swufe.edu.cn
邮政编码	610074
电　　话	028-87353785
照　　排	四川胜翔数码印务设计有限公司
印　　刷	成都市火炬印务有限公司
成品尺寸	170mm×240mm
印　　张	11.75
字　　数	229 千字
版　　次	2023 年 11 月第 1 版
印　　次	2023 年 11 月第 1 次印刷
书　　号	ISBN 978-7-5504-5976-2
定　　价	78.00 元

前　言

近年来，学术界从政治关系、老乡关系、校友关系等视角为关系研究提供了丰富的证据，但却忽视了一个关键要素：中国的人际关系并非简单的"关系网络"，而是以"差序格局"的文化为典型特征（费孝通，1948）。在"差序格局"下，每个人都以自己为中心结成网络，同盟内外代表不同的亲疏、信任关系，所遵循的法则也大有不同。只有同盟成员才能真正共享资源、技术和信息。

具有一定结构特质的"同盟"关系更能体现中国社会的结构特征和文化要义，在中国人的人际交往中更具代表性，对经济金融的影响更加明显（罗家德 等，2014）。尤其是在30多年高速发展的中国资本市场，"同盟"与资本已深度融合。风险投资领域的资本因联合投资的常态更易同盟化。风险资本同盟在封闭、信任和忠诚的环境中，优势互补，资源共享，共同应对资金、信息和市场等风险。在新兴转型经济中，"同盟"作为正式制度的补充，在资本市场中发挥着重要作用，对风投机构自身及被投企业都具有显著的价值增值效应。但同时，"同盟"在被投企业上市后，为了创造条件顺利退出而诱发出资本错配的不公平问题，导致企业市场价值与内在价值的严重偏离，不仅会侵害普通投资者的利益，阻碍新兴市场的规范发展，还会影响金融市场的长期稳定，是一个迫在眉睫的重要研究课题。本书深刻剖析了"同盟"在资本市场的作用逻辑，而由此引发的对效率与公平问题的思考，有利于我们辩证地看待风险资本同盟在不同阶段的价值增值效应。

资本市场中的"同盟"现象逐渐得到众多学者的关注，但是对于"如何准确度量同盟关系"和"同盟"在转型经济中的作用和相关机制这些基本问题，现有研究尚未给出满意的答案，相关的大样本实证研究更是匮乏。当前，我国经济正经历特殊的转型期，传统"差序文化"的根植和转型期的众多问题交织在一起，使得"同盟"现象更加突出。

本书基于"同盟关系"背景，选取资本同盟化现象十分突出的风险投资领域作为天然的实验场所，在回顾和梳理相关文献的基础上，以非正式制度、重复博弈理论及信息不对称理论为理论基础，构建了风险资本同盟价值增值效应的理论分析框架，进行了实证检验，试图探索以下问题：第一，中国风投机构间关系的结构特征如何？风投市场是否存在"差序格局"的同盟化现象？资本同盟化表现出了怎样的特征？第二，风险资本同盟化是否具有对风投机构自身的价值增值效应？作用渠道是什么？第三，风险资本同盟对被投企业的价值增值效应如何？在IPO（首次公开募股）阶段，隐性发行成本如何影响被投企业的价值增值？在上市后的退出阶段，市场价值偏离内在价值又会如何影响被投企业股票资产误定价？资本市场的作用逻辑是什么？是否有正面或负面的经济后果？

本书主要的研究内容和相关结论如下：

（1）本书选取清科私募通（PEdata）数据库中国风投机构2009—2019年联合投资数据，用区别于传统的社会关系网络分析方法，以多次的联合投资关系筛选、认证形成的"风险资本同盟"为切入点进行了研究。本书定义在一定时期内，在风险资本市场中与风投机构A多次共同投资同一个项目的风投机构为风投机构A的风险资本同盟，并构建了风险资本同盟相关指标，以此体现在个体层面呈现的以风投机构A为中心的"差序格局"。为进行数据匹配和有效识别风险资本同盟，我们对数据库中所有风投机构、投资事件和退出事件进行了所属投资集团的识别。在消除极端值的影响和剔除相关变量数据缺失的样本后，本书共获得1 413个风险投资机构数据共计120 434个观测值并以此为研究样本进行静态及动态的风险资本同盟指标构建。首先，得到是否有"同盟"、"同盟"的广度和深度、"同盟"的能量等相关指标。再采用滚动时间窗口的方法，逐年滚动，在每一个窗口期进行重新识别，得到动态调整的风险资本同盟指标。

在识别风险资本同盟的基础上，本书进一步考察了风险资本同盟的表现特征，以此为基础研究资本同盟化对风投机构自身价值增值的影响。结果发现，中国风投机构同盟化现象明显，表现出"物以类聚"的同质性特征，投资阶段和投资行业重合度高、距离相近的风投机构更易抱团；也存在"优势互补"的异质性特征，投资经验和上市运作能力差异较大的本土和海外机构更易形成"同盟"。此外，风险资本同盟对风投机构自身兼具静态与动态的价值提升效应，"资本同盟"的力量不仅提高了同盟内风投机构的投资数量、投资额度、IPO数量及成功率，还表现出明显的"阶跃效应"，当低层"同盟"风投机构成为高层"同盟"的合作伙伴后，其投资效率也会加速提升。在进一步的影响渠道分析中，本书发现，在市场化程度较低、产权保护较弱、法治化水平较低、政府干预较强的地区，风险资本同盟的经济效应更加明显，体现出显著的"润滑剂"功能。当监管政策变化时，"同盟"作为正式制度的补充，在经济政策不确定性越高的时期，增值效应越明显。此外，本书将私募基金管理政策变化作为外生冲击研究，发现风险资本同盟具有抵御政策不确定负面冲击的积极效果，"资本同盟"在私募资管新规后显著提高了投资绩效。

（2）本书接下来从隐性发行成本的视角研究了风险资本同盟在IPO阶段对被投企业的价值增值效应。我国的资本市场起步晚，发展仍不成熟，整体治理环境较差，高昂的隐性发行成本成为众多企业上市的"拦路虎"，极大阻碍了其成功对接资本市场的步伐，尤其值得重视。本书识别出在公司上市当年及前两年有风险资本同盟支持，且在A股有以IPO方式退出的公司信息，度量出IPO公司的相关"同盟"指标，以抑价成本、财经公关费和上市时间成本三个维度衡量隐性发行成本，系统研究了风险资本同盟对隐性发行成本的影响。结果显示，同盟化的风险资本显著降低了IPO抑价率、财经公关费及上市时间成本。此外，同盟化的风险资本通过加强信息传递和公司内部监督、充当"润滑剂"、抵御不确定性冲击等渠道有效发挥了"认证"功能，减少了信息不对称，进而系统降低隐性发行成本，促进了被投企业在IPO阶段的价值增值。进一步地，本书发现有风险资本同盟"背书"的公司在上市后不容易发生业绩"变脸"，进一步证实了风险资本同盟的"认证"价值。

（3）最后，本书从被投企业市场价值与内在价值偏离的视角研究了风险资本同盟对股票资产误定价的影响。风险资本同盟在退出阶段会如何影响被投企业市场价值增值？在资本市场的作用逻辑又如何？在IPO阶段，本书发现风险资本同盟具有"认证"功能，可以减少信息不对称，系统降低隐性成本，给被投企业带来积极的价值增值效应。但是风投机构是理性经济人，资本追逐利益，风投关注股价。那么，资本的力量究竟会激浊扬清、纠正资产错误定价，还是推波助澜、助推企业市场价值攀升甚至严重偏离基本面呢？本书还研究了风险资本同盟在企业上市后对股票资产错误定价的影响。结果发现，风险资本同盟对股价具有非对称影响，"资本同盟"力量越强，股价高估越明显，但不显著影响股价低估程度。这一效应与风投资本退出时间相关，在锁定期当年和锁定期结束次年，风险资本同盟会显著影响正向的股票错误定价水平，助推企业市场价值膨胀，随后效应逐渐减弱。进一步的研究发现，风险资本同盟通过盈余管理的内部渠道推高股价，同时，也通过机构投资者持股、媒体正面报道以及股票流动性的市场渠道抬升股价。本书揭示出风险资本同盟的机会主义特征：在顺利通过上市审核之后，它们会为了自身利益诉求，在退出阶段通过不合理的手段推高股价，由此引发资本错配的不公平问题。

本书研究的创新点和贡献主要体现在以下四个方面：

第一，本书在研究视角上有较大的创新性。"文化与金融"是近几年出现的新研究话题，文化如何影响经济金融行为已经成为学术界研究的热点，国内外学者也在高度关注。但我国风险资本同盟的研究，仍存在较大的突破空间。具有一定结构特质的"同盟"关系更能体现中国社会的结构特征和文化根基，在中国人的人际交往中更具代表性，对经济金融的影响更加明显。在资本市场尤其如此，资本与"同盟"深度融合已是不争的事实。"同盟关系"在资本市场中的作用逐渐得到众多学者的关注，但是对于"如何准确度量"和"资本同盟"在转型经济中的作用和相关机制这些基本的理论问题，现有研究尚未给出满意的答案。本书选取资本同盟化现象十分突出的风险投资领域作为天然的实验场所，试图为上述问题找寻答案，为风投机构及被投企业价值增值、资本市场良性发展提供理论依据。

第二，本书在研究方法上有一定的创新性，为如何量化风险资本同盟关系提供了启发，拓展了关系网络的研究框架。经济活动嵌入社会关系中，人际关系研究的重要性早已毋庸置疑，但对"关系"的结构特质仍然缺乏认真的梳理，尤其是在中国社会中的结构特质。关于人际关系的度量没有统一的标准，根据研究对象的不同，指标的构建也有差异，主要取决于学者们所关注的重点。学术界往往基于个人之间的关系连接，如校友、老乡、同事关系等形成的关系网络研究资本的力量，这些社会关系源于个人，并不能确保形成经济利益共同体，极有可能陷入"有关系，无同盟"的假象之中。本书基于风险资本联合投资数据，手工进行了数据的整理，对所有风投机构、投资事件和退出事件进行了所属投资机构和相应集团的识别，基于真实的机构间联合投资关系构建了丰富的静态及动态风险资本同盟指标。本书的研究淡化了"同盟"背后错综复杂的人际网络关系，以更为直观、真实的风投机构联合投资关系为纽带联系资本，突出了中国社会的"差序格局"关系内涵，是对关系网络研究和联合投资研究的拓展，完善了文化与金融研究的路径，也揭示了中国风险投资市场中资本联结的现实。

第三，本书在研究内容上有一定的创新性。现有文献一般从公司的监督管理、投融资效率、生产效率、联合投资、市场价值等视角研究风险资本的价值增值效应。本书立足于风险资本同盟化，基于"同盟"在资本市场的作用逻辑，构建了"风投机构自身价值增值—被投企业 IPO 阶段价值增值—被投企业上市后价值增值"的研究线索，不仅从被投企业的维度，也从风投机构自身的维度全面地考察了同盟化风险资本的价值增值效应。在研究被投企业价值增值效应的过程中，本书分别从企业 IPO 和上市后两个不同阶段出发：在 IPO

阶段，以财经公关费、抑价成本及时间机会成本系统衡量隐性发行成本，研究风险资本多次联合投资结成的资本力量对隐性发行成本的影响，从机会成本的视角探究"资本同盟"的价值增值效应；在企业上市后的风投退出阶段，考察风险资本同盟如何从内部渠道及市场渠道影响股票错误定价，从企业市场价值与内在价值偏离的视角研究"资本同盟"对企业价值增值的影响。本书进一步完善了"资本同盟"的价值增值路径，对"同盟"的利益动机及其在资本市场的作用逻辑进行了深刻剖析，引发对效率与公平问题的思考，对于辩证地看待风险资本同盟在不同阶段的价值增值效应有所启发，亦是对隐性发行成本及资产误定价成因相关文献的有益补充。

第四，从研究意义来看，本书利用风险资本联合投资领域作为天然的实验场所，识别中国风投市场是否存在同盟化现象及"同盟"的构成特征，并用规范的理论分析和实证研究梳理了"同盟"在资本市场中的作用逻辑及其价值增值效应。研究结论一方面有助于监管方认清并重视资本力量的市场边界，对于如何识别各种场景中的"同盟"，利用"同盟"整合资源、凝聚力量，提升企业价值，同时对其加强动态监管、引导资本力量的有序竞争有重要的指导意义；另一方面，本书对投资机构如何选择长期合作的"辛迪加"伙伴、不确定事件的应对及自身价值增值具有参考价值；此外，有助于从文化的视角剖析"同盟"的价值增值效应，为我国企业发展注入内在动力，对重新审视我国传统文化对经济金融的深刻影响具有重要的意义。

邓立

2023 年 8 月

目　录

1 导论

1.1 选题背景

中国是一个人情社会，有人在，就有人情在。人际关系作为一种重要的非正式制度，影响着中国人的经济和生活，在制度不完善、市场不成熟的转型经济中，发挥了积极的"润滑剂"作用（Allen et al., 2005；Chen et al., 2011）。关系可以减少不确定性，获取稀缺资源，降低交易费用，打破体制的束缚，激发资源匮乏背景下企业家的创业热情和创新精神（Aidis et al., 2008），成为改革开放以来中国经济增长不可忽略的重要因素（林毅夫 等，2006）。

近年来，学术界从政治关系（吴文锋 等，2008；余明桂 等，2010）、老乡关系（陆瑶 等，2016；潘越 等，2016；Xu et al., 2021）、校友关系（申宇 等，2017）等视角为关系研究提供了丰富的证据，但却忽视了中国社会是以"差序格局"的传统文化为根基的这一关键要素（费孝通，1948），"同盟"比一般的"关系网络"在中国人的人际交往中更具代表性。这一方面源于儒家文化"人伦差序"观念的影响，另一方面则源于转型经济中资源的稀缺和制度的不完善。

在"差序格局"的社会结构中，每个人都以自己为中心结成网络，强调"中心利益主义"。"就像把一块石头扔到湖水里，会在四周形成一圈一圈的波纹，随着水波漾开，愈推愈远。"以个人为中心点，波纹的远近标示着社会关系的亲疏远近，同盟内外所遵循的法则也大有不同。每个人随时空变幻会形成不同的"同盟"，在不同时间、不同场景动用不同的"同盟"为自己服务。每个人"同盟"的多寡也有着明显差异，体现着社会影响力的不同。只有同盟成员才能共享资源、技术和信息（申宇 等，2015），"同盟"会带来更显著的经济效应（Cohen et al., 2010）。

"同盟"至少在以下三个方面与"关系"存在差别：

（1）有"关系"不一定有"同盟"，但有"同盟"一定有"关系"

国内外关系网络的研究普遍存在一个隐含假设：关系网络越复杂，社会资源越丰富。然而，现实情况却是，关系网络较丰富，仅仅表明参与"同盟"的可能性较高，真正产生实质影响的还是同盟内部的伙伴。"关系"有直接、间接、强弱之分。Granovetter（1973）界定了强弱关系的四个维度，认为互动的频率高、情感涉入深、亲密程度强、互惠程度高的关系为强关系。中国是以"人情回报"、信任、义务为特征的社会，"强关系"理论修订了"弱关系"假设，"结构洞"优势也受到挑战（尉建文 等，2021）。信息和资源嵌入强关系网络，有助于组织凝聚力提升和获得情感支持。资源的稀缺性决定了"同盟"具有亲疏之别、内外之分。"有福同享，有难同当"，资源在同盟内流动和分配，一人有难，八方支援，危难之中方显"同盟"的重要性。

（2）"同盟"更能体现中国社会的"关系"内涵

中国社会不同于西方社会的信任结构，普遍取向的"一般信任"被特殊取向的"特殊信任"取代，其特征在于以封闭网络作为信任范围的边界，注重边界内的人际互信，边界之外则无此连带基础（尉建文 等，2021）。目前学术界度量关系网络主要借鉴 Freeman（1979）的中心度指标，例如，程度中心度（Degree）衡量的是 A 有多少认识的朋友，接近中心度（Close degree）衡量的是 A 需要通过几步与其他人认识，中介中心度（Between degree）衡量的是其他人通过 A 认识的朋友数量。这种关系网络度量方式并不能准确反映中国社会的"关系"内涵和"差序格局"的文化根基。

"同盟"体现了一种以自我为中心点结成的网络，同盟内外奉行不同的法则。"同盟"具有结合型社会资本的特征（Putnam，2000；Adler et al.，2002）。"同盟"内部靠着信任、忠诚和相互依赖共存（翟学伟，1998），体现出了"同盟"的可靠性。"同盟"与非"同盟"中的个体具有不一样的经济属性，主要表现在投资性和获利性的差异（Lin et al.，2001）上。一般的"关系"与"同盟"在资源配置、运作能力、市场影响力等方面均无法相提并论。"同盟"拥有的社会资本在认知、关系和结构维度相辅相成并发挥着重要作用，能够促进交易费用、信息不对称的降低，共同认知和协调一致的行动带来经济效率的提高。

（3）"关系"存冗余，"同盟"重口碑

既有文献认为拓展关系网络往往是获取资源的重要途径，发现关系网络越多，人脉越广，对企业运营、资产投资的帮助越大（Cohen et al.，2010；

Faleye et al., 2014; Jin et al., 2016）。然而，增加关系节点的同时也提高了冗余关系的可能性，低水平的交往反而会降低关系网络的能量。"同盟"的声誉机制与优越性保证了"同盟"的质量，只有满足一定条件才可以进入某个"同盟"。因此，"同盟"成员之间更忠诚、更团结、更信任，具有价值认同感和讲究团体规范。当然，如果违反了"同盟规矩"，损害了大家利益，必然会被孤立，处于边缘状态，甚至淡出"同盟"。坏名声的机会成本极高，"同盟"成员会相互传递信息和口碑，产生惩罚和声誉效应，起到了非正式的监督制约机制。

由此可见，具有一定结构特质的"同盟"关系更能体现中国社会的结构特征和文化根基，在中国人的人际交往中更具代表性，对经济金融的影响更加明显。在资本市场借助各种关系网络形成的各色"同盟"中，我们无法精准获悉背后的"特定关系"，老乡、校友、政治关联、俱乐部成员等都可能进一步演化成"同盟"。事实上，熙来攘往的资本市场中，淡化掉背后千丝万缕、错综复杂的网络关系，最容易联结成为"资本同盟"的是真金白银的投资关系。基于共同利益、共同目标的投资最容易抱团成为"资本同盟"。

"同盟"在资本市场中的作用逐渐得到众多学者的关注（罗家德 等，2014；罗吉 等，2017；金永红 等，2016；Bubna et al.，2019），但是对于"如何准确度量同盟关系"和"同盟"在转型经济中的作用和相关机制这些基本问题，现有研究尚未给出满意的答案，相关的大样本研究更为匮乏。本书选取了资本同盟化现象十分突出的风险投资领域作为天然的实验场所，试图为上述问题找到答案。

风险投资是专注于高增长的私有企业进行股权或股权关联投资的受专业管理的专用资本池（Lerner et al.，2001）。一国经济的可持续发展与完整良好的风险投资机制息息相关（Kortum et al.，2000）。风险投资超越传统融资职能的"价值增值"作用被认为是其重要特征（Hellmann et al.，2002）。自从 1985 年中国第一家风险投资公司——中国创业投资公司成立以来，我国的风险投资无论是数量上还是规模上都发展迅速。在过去的 20 多年，中国风险投资市场从零起步发展成为全球第二大风投市场。据清科私募通（PEdata）数据统计，2009—2019 年，在中国大陆上市的公司至少有 39% 获得了风险投资的支持。众多业界的佼佼者，诸如阿里巴巴、百度、腾讯等知名互联网企业，纷纷借助风险资本的东风取得了令人瞩目的成绩。近年来，在加速传统行业与新兴行业的融合方面，风险投资也功不可没，新能源、材料、生物制药等行业正是由于获得了风险投资的支持才重新焕发活力。

联合投资模式是风险投资经常采用的一种有效方式，这给风险投资领域的资本同盟化提供了天然土壤。联合投资可以分散投资风险，找寻"第二种意见"，实现资源能力互补，获取更多的交易流等（Lerner，1994；Brander et al.，2002）。Dimov 和 Milanov（2010）发现 1980—2004 年美国市场上的风险投资事件中，73%的事件涉及两家或两家以上的风投机构。刘伟等（2013）收集的我国 521 家有风投支持并上市的公司中，有超过 50%接受过联合风险投资。陆瑶等（2017）的研究显示，1991—2012 年在中国发生的风险投资中，联合投资比例约为 30%。我国风险投资事业虽然起步较晚，但随着风险投资的大力发展，采用联合投资策略的案例越来越多。其中，创业板的推出掀起了风投事业大力发展的浪潮，联合风险投资逐渐成为一种普遍适用的重要投资策略。

风险投资领域的资本更容易形成同盟化。例如，外资背景的风投机构与本土机构容易结成"同盟"（罗家德 等，2014）。20 世纪 90 年代，外资背景的风投机构开始在中国开疆扩土，因缺乏本土信息和资源而不断寻求和本土机构的合作。本土机构可以获取政府支持、税收和租金优惠、提供优质项目信息，而外资机构则在项目投资及管理经验上更胜一筹。从样本数据来看，IDG 有众多联合投资的合作伙伴，例如与硅谷天堂、鼎晖投资、英菲尼迪创投、红杉资本等 42 家风投机构均合作投资过一次或两次，但稳定的"同盟"伙伴是北极光创投、晨兴资本、恩颐投资、中金资本、DCM 及清科创投。

九鼎投资的联合投资伙伴也非常多，按照 3 年的滚动窗口统计，每一个窗口期九鼎投资的合作伙伴基本都超过 50 家，与博裕资本、鼎力投资、戈壁创投等机构都有过合作，但联合次数较少，并没有建立起稳定、长期的合作关系。在 2015 年以前，九鼎投资的"同盟"成员是广发创新投资、昆仑投资和华创资本，在此之后增加了红杉资本、前海资本等同盟内部伙伴。比邻资本在2013—2015 年与德晖投资、富桥投资、平安资本和兴证资本都有过合作，但是合作次数较少。从 2014 年开始，其与嘉鸿投资逐渐建立起"同盟"伙伴关系。风险资本同盟在封闭、信任和忠诚的环境中，优势互补，资源共享，共同应对资金、信息和市场等风险。

然而截至目前，学术界仅仅从关系网络的视角出发关注了联合风险投资的价值增值效应（Hochberg et al.，2007；Chemmanur et al.，2012；Gompers et al.，2016）。在不同国家的不同时期所得到的研究结论也显示出很大的差异。特别是在中国，客观上数据的隐秘性较强，大样本的数据收集不易，类似的研究尤其是实证研究并不丰富，相关结论尚未达成一致意见。现有研究仅仅从关系网络的视角出发，忽视了中国社会的结构特征和文化根基是具有"差序格局"的人际关系这一关键要素（费孝通，1948）。在需要"真金白银"进行投资的风险资本市场中，一些可能存在的关系或者经过多层中介连接而成的间接关系往往在调动资源、有难同当、机密信息的共享方面并不能发挥实质性作用。既有研究将"关系"等同于"同盟"，混淆了"同盟"与"关系"的概念，并未考虑到风险资本同盟可能产生不同的影响机制及经济后果，极有可能陷入"有关系，无同盟"的假象之中，得到的结论可能不具有解释力。

本书用区别于传统的社会关系网络分析方法，以中国的人际关系，特别是"差序格局"的"同盟关系"这种非正式制度发挥经济效应的基础和作用机理（Hwang et al.，2012；Fracassi et al.，2012；陆瑶 等，2014；罗家德 等，2014）、重复博弈理论对"同盟"形成的影响（Neumann et al.，1944；张维迎，1996；肖条军，2004；Dal Bó et al.，2011）及信息不对称理论贯穿于"同盟"作用机制的发挥（Fried et al.，1994；MacMillan et al.，1985；Kaplan et al.，2000；Bayar et al.，2019）为理论基础，淡化掉"资本同盟"背后各种复杂的人际网络关系，以反复的联合投资关系筛选、认证形成的"风险资本同盟"为切入点，定义在一定时期内，在风险资本市场中与风投机构 A 多次共同投资同一个项目的风投机构为风投机构 A 的风险资本同盟，并构建风险资本同盟指标，以此体现在个体层面呈现的以风投机构 A 为中心的"差序格局"。

参考吴超鹏等（2012），国内对风险投资（venture capital）与私募股权投资（private equity）并未加以明显区分，本书选取了清科私募通数据库"机构"子库中机构类型为 PE、VC 的风险投资机构进行研究。为保证数据质量，本书不仅对三个子库中的风投机构名称、所投公司名称进行了逐一比对和统一，也将所采用的风险投资机构的数据与上市公司招股说明书的数据进行了比对和增补。为进行数据匹配和有效识别"风险资本同盟"，本书对所有风投机构、投资事件和退出事件进行了所属投资集团的识别。在消除极端值的影响和在剔除相关变量数据缺失的样本后，本书共获得 1 413 个风险投资机构数据，将共计 120 434 个观测值作为研究样本进行风险资本同盟指标的构建。

当前，我国经济正经历特殊的转型期，传统"差序文化"的根植和转型期的众多问题交织在一起，使得"同盟"现象更加突出。本书在中国这一浓厚的"同盟关系"背景下，利用风险资本市场这一天然的实验场所，从全新的视角展开了风险投资大样本实证研究，试图探索以下问题：第一，中国风投机构间关系的结构特征如何，风投市场是否存在"差序格局"的同盟化现象，资本同盟化表现出怎样的特征？第二，风险资本同盟化是否具有对风投机构自身的价值增值效应，作用渠道是什么？第三，风险资本同盟对被投企业的价值增值效应如何？在 IPO 阶段，隐性发行成本如何影响被投企业的价值增值？在上市后的退出阶段，市场价值偏离内在价值又会如何影响被投企业股票资产误定价？资本市场的作用逻辑是什么，是否有正面抑或负面的经济后果？

1.2　研究意义

中国的人际关系并非简单的"关系网络"，而是以"差序格局"的文化为典型特征，同盟内外所遵循的法则截然不同。资本与"同盟"结合已是不争的事实，而风险投资领域的资本更容易形成同盟化。虽然"同盟"在资本市场中的作用逐渐得到众多学者的关注，但是相关的大样本实证研究还相当匮乏。本书利用风险资本联合投资数据，从"差序格局"这一独特的文化视角识别"资本同盟"，研究了资本同盟化的价值增值效应，具有重要的理论及现实意义。

第一，本书利用风险资本联合投资数据识别中国风投市场是否存在同盟化现象，并利用规范的理论分析梳理了"同盟"的价值增值效应及在我国资本市场的作用逻辑，拓展了"文化与金融"的研究框架，为风投机构及被投企业价值增值、资本市场良性发展提供了理论依据。

目前学术界对"文化与金融"的研究才刚起步，针对"资本同盟"的研究更为稀缺。近几年来，虽然"同盟"在资本市场的作用逐步得到一些学者的关注，但是关于"如何准确度量同盟关系"和"同盟的作用机理"这两个基本理论问题，现有研究尚未给出满意的答案。"同盟"在资本市场作用逻辑的内在因果关系，仍是一个"未解之谜"。本书以风险资本同盟为突破口，试图回答：风险资本同盟化表现出怎样的特征？风险资本同盟针对不同对象，在不同阶段是否具有不同的增值效应，作用渠道如何？"同盟"在资本市场中的角色定位如何，是否有正面抑或负面的经济后果？这些都是现有研究中较少涉及但却亟须回答的重大理论问题。本书通过"差序格局"文化视角系统研究了"同盟关系"，不仅为风险资本价值增值效应的研究提供了新的思路，也为文化与金融的研究提供了新的方向，对重新审视我国传统文化对经济金融的影响具有重要的意义。

第二，本书为如何量化风险资本同盟关系提供了启发，拓展了关系网络的研究和联合投资研究框架，对监管方识别、分析各类应用场景中的"资本同盟"具有指导意义。学术界往往基于个人之间的关系联接如校友、老乡、同事关系等形成的关系网络展开研究（Cohen et al.，2010；Xu et al.，2021），这些社会关系源于个人，并不能确定形成经济利益共同体，极有可能陷入"有关系，无同盟"的假象之中。本书基于风险资本联合投资数据识别风险资本同盟，以投资为纽带联系资本，探究风投机构间的关系结构特质，是对关系网络研究和风险资本联合投资的拓展，揭示了中国风险投资市场中资本联结的现实。"资本同盟"由关系网络演进形成，通常以隐秘的方式存在，例如银团贷款、商会网络、承销商网络等都可能进一步演化成"资本同盟"。本书的研究结论有助于监管方总结、分析、构建和识别市场中的各类"资本同盟"，为进一步有效利用和动态监管夯实基础。

第三，本书的研究为风险资本同盟的"认证"功能提供了证据，对新股发行制度改革有重要启示，亦有助于完善企业价值增值的路径。风险资本同盟的"认证"功能有助于提高公司质量，甄别信息的真伪，减少信息不对称，降低隐性发行成本，提升企业价值。本书的研究意味着资本联结的力量并非总是负面的，"资本同盟"明显的信息优势、声誉优势和市场力量能够在资本市场中有效发挥"认证"功能，带来积极的增值效应。在我国尚不成熟的资本市场中，信息不对称程度较高，投资者法律保护制度有待于优化，市场的信息效率与资源的配置效率相对较低。如何重视和认清资本力量的边界并对其进行有效利用，对于提升企业价值、优化资本市场生态环境和提高资源配置效率极具现实指导意义。

第四，本书对风险投资机构如何选择"辛迪加"投资伙伴、构建辛迪加投资团队和提高投资绩效有重要的参考价值。本书结合我国传统文化基因，将资本市场中一定时期内多次共同投资同一个项目的风投机构定义为"风险资本同盟"，试图识别风险资本市场中的"同盟"并厘清资本同盟化的表现特征，考察风险资本同盟对风投机构投资效率和绩效的影响。在面临不确定性的负面冲击时，"同盟"抱团是否能够发挥积极作用？在现阶段各国均遭遇经济衰退的现实情况下，风险投资也面临着前所未有的风险和挑战。本书的研究有助于在这一现实背景下为风投产业的健康发展提供新的思路，使我国在知识经济时代的竞争中立于不败之地。

第五，本书深刻剖析了"同盟"在资本市场的作用逻辑，对效率与公平问题进行了思考，有利于我们理性辩证地看待风险资本同盟在不同阶段的价值增值效应。研究结论对内幕交易以及违反市场规则行为的监控和排查提供了一条可能的途径，对监管方规范资本力量的市场边界、引导资本力量的有序竞争有重要参考价值。风险资本同盟虽然具有积极的价值增值效应，但在利益的驱动下也存在一定负面影响。"资本同盟"在 IPO 阶段有效发挥了"认证"功能，但在退出阶段，资本的力量加剧了被投企业市场价值的膨胀，损害了市场公平，诱发了资本错配问题，需要进一步对其加强监管，合理引导我国风险资本市场中的"资本同盟"，使其成为"理性的"市场力量。本书对我国金融市场监管制度进一步改革和完善具有重要的借鉴意义。

1.3　研究思路、方法与研究内容

1.3.1　研究思路

本书选取了中国风险资本联合投资数据，从"差序格局"这一独特文化视角出发，构建风险资本同盟指标，研究了资本同盟化在资本市场的作用逻辑并探究了其价值增值效应。本书系统梳理了风险资本及风投联合投资的价值增值效应、资产误定价成因及隐性发行成本影响因素等相关文献，以非正式制度、重复博弈理论和信息不对称理论为基础建立了研究框架。

首先，本书尝试构建风险资本同盟指标，体现中国社会在个体层面呈现的以"己"为中心的"差序格局"结构特征，识别风险资本市场中是否存在明显的"同盟"现象、"同盟"的广度和深度如何、"同盟"的能量以及动态变化情况，在此基础上分析其表现特征，研究资本同盟化对风投机构自身价值提升的影响；其次，本书从抑价成本、财经公关费、上市时间成本三个维度衡量了隐性发行成本，研究了风险资本同盟在 IPO 阶段如何系统影响被投企业隐性发行成本，试图从机会成本的角度探究"资本同盟"对被投企业的价值增值效应；最后，本书立足"资本同盟"的利益诉求，从被投企业市场价值偏离内在价值的视角，研究了风险资本同盟在被投企业上市后的价值增值效应。研究思路如图 1.1 所示。

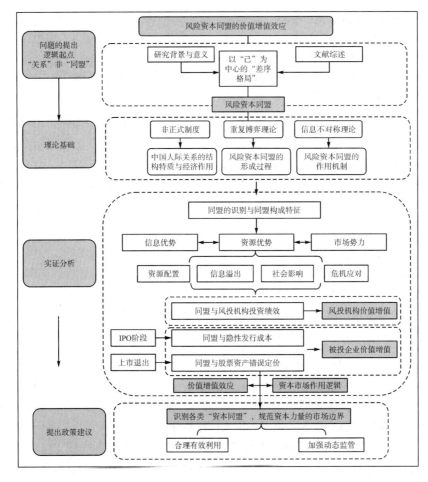

图 1.1 研究思路

1.3.2 研究方法

本书主要使用的是文献研究、理论分析和实证研究相结合的方法。首先，收集和阅读、梳理文献，了解目前相关研究的整体进展和前沿问题，在此基础上分析和吸收文献中的理论观点、实证方法，找寻研究机会并搭建理论分析框架。其次，在第四章至第六章的经验研究部分开展实证研究，采用多元回归分析、倾向得分匹配法（PSM）、工具变量两阶段分析法（IV-2SLS）、Heckman（1979）两阶段法等多种计量经济学方法，从多个维度全面系统地分析了风险资本同盟在资本市场的作用逻辑，探索风险资本同盟的价值增值效应。本书运用的数据处理分析工具主要是 STATA 15.0 与 R 4.0.3。

1.3.3　研究内容

本书一共包括七章，各章内容如下：

第一章是导论。本章主要介绍了选题背景和研究意义，梳理了全书的研究思路，介绍了研究方法和研究内容，并对全书的主要创新点进行了总结。

第二章是文献综述。本章系统梳理了风险资本及风投联合投资的价值增值效应、资产误定价成因及隐性发行成本影响因素等相关文献的研究成果，是后续进一步展开实证分析的重要文献参考。在收集和阅读、梳理文献并了解目前相关研究的整体进展和前沿问题的基础上，分析和吸收文献中的理论观点、实证方法，找寻研究机会并搭建理论分析框架，进一步明确了本书研究的问题和研究意义。

第三章是相关的理论基础。本部分主要从三个方面进行阐述。一是关于中国的人际关系，特别是同盟这种非正式制度的形成及发挥经济效应的基础和作用机理。二是风险资本同盟的形成过程是"同盟"成员反复筛选、认证的过程，涉及重复博弈理论。三是风险资本同盟发挥价值增值效应的作用机制，涉及不完全合同理论中信息不对称的部分。信息不对称理论被广泛运用在风险投资领域及资本市场的研究中，是影响股票发行成本、市场定价效率及投资者正确判断公司内在价值的关键因素（Ibbotson et al.，1994；徐寿福 等，2015），在本书研究风险资本同盟如何影响风投机构价值增值、被投企业隐性发行成本和资产错误定价方面被作为重要的理论依据贯穿始终。

第四章选取中国风投机构历史联合投资数据，从"差序格局"这一独特文化视角构建风险资本同盟指标，识别风险资本同盟并研究风险资本同盟化的特征表现，考察风险资本同盟对风投机构自身的价值增值效应，试图为以下问题找寻答案：第一，中国风投市场是否存在同盟化现象，资本同盟化表现出了怎样的特征？第二，同盟内、圈外的风投机构是否存在"差序格局"，同盟在资本运作方面是否有正面抑或负面的经济效应？第三，风险资本同盟通过何种机制影响风险投资的资产管理，进而影响风投机构自身的价值增值呢？本章对联合投资的研究有开创性拓展，有助于从"文化与金融"的视角剖析"同盟"的价值增值问题，对重新审视我国传统文化对经济金融的深刻影响具有重要的意义。

第五章主要研究风险资本同盟在IPO阶段对被投企业的价值增值效应。本章从机会成本的全新视角切入，以IPO抑价、财经公关费和上市时间成本三个维度衡量了隐性发行成本，研究了风险资本同盟如何系统影响被投企业隐性发行成本及影响渠道。本章考察风险资本同盟是否具备"认证"功能，对新股发行制度改革具有重要启示，亦有助于监管方重视和认清资本力量的市场边界，识别"资本同盟"，整合资源并加以有效利用。

第六章主要研究风险资本同盟在被投企业上市后的退出阶段的价值增值效应。立足于"资本同盟"自身的利益诉求，从企业市场价值偏离内在价值的视角，考察风险资本同盟对股票资产误定价的影响。比如风险资本同盟是否具有资产价格发现功能？资本的力量如何影响企业市场价值增值，是否损害了市场公平？本章揭示了风险资本同盟的机会主义动机，对我们理性辩证地看待风险资本同盟在不同阶段的价值增值效应有所启发，同时对促进监管方加强对"资本同盟"的动态监管、维护风投行业和资本市场的健康生态、保护投资者利益具有较高的理论价值和现实意义。

第七章是研究结论与启示。本章对全文的研究结论进行了总结，根据研究结论有针对性地提出了政策建议，指出了本书研究存在的不足并进行了研究展望。

1.4　创新之处

本书的创新之处主要体现在以下四个方面：

第一，本书在研究视角上有较大的创新性。"文化与金融"是近几年出现的新的研究话题，文化如何影响经济金融行为已经成为学术界研究的热点，国内外学者高度关注。但立足于我国风险资本同盟的研究，仍存在较大的突破空间。具有一定结构特质的"同盟"关系更能体现中国社会的结构特征和文化根基，在中国人的人际交往中更具代表性，对经济金融的影响更加明显。在资本市场尤其如此，资本与"同盟"深度融合已是不争的事实。"同盟"在资本市场中的作用逐渐得到众多学者的关注，但是对于"如何准确度量"和"资本同盟"在转型经济中的作用和相关机制这些基本的理论问题，现有研究尚未给出满意的答案。本书选取资本同盟化现象十分突出的风险投资领域作为天然的实验场所，试图为上述问题找寻答案，为风投机构及被投企业价值增值、资本市场良性发展提供理论依据。

第二，本书在研究方法上有一定的创新性，为如何量化风险资本同盟关系提供了启发，拓展了关系网络的研究框架。经济活动嵌入在社会关系中，人际关系研究的重要性早已毋庸置疑，但"关系"的结构特质仍然缺乏认真的梳理，尤其是中国社会中的结构特质。关于人际关系的度量没有统一的标准，根据研究对象的不同，指标的构建也有所差异，主要取决于学者们所关注的重点。学术界往往基于个人之间的关系连接，如校友、老乡、同事关系等形成的关系网络研究资本的力量，这些社会关系源于个人，并不能确定形成经济利益共同体，极有可能陷入"有关系，无同盟"的假象之中。本书基于风险资本联合投资数据，手工进行了数据的整理，对所有风投机构、投资事件和退出事件进行了所属投资机构和相应集团的识别，基于真实的机构间联合投资关系构建了丰富的静态及动态风险资本同盟指标。本书的研究淡化了"同盟"背后错综复杂的人际网络关系，以更为直观、真实的风投机构联合投资关系为纽带联系资本，突出了中国社会的"差序格局"关系内涵，是对关系网络研究和联合投资研究的拓展，完善了文化与金融研究的路径，也揭示了中国风险投资市场中资本联结的现实。

第三，本书在研究内容上有一定的创新性。现有文献一般从公司的监督管理、投融资效率、生产效率、联合投资、市场价值等视角研究风险资本的价值增值效应。本书立足于风险资本同盟化，基于"同盟"在资本市场的作用逻辑，构建了"风投机构自身价值增值—被投企业 IPO 阶段价值增值—被投企业上市后价值增值"的研究线索，不仅从被投企业的维度，也从风投机构自身的维度全面地考察了同盟化风险资本的价值增值效应。在研究被投企业价值增值效应的过程中，我们分别从企业 IPO 和上市后两个不同阶段出发：在 IPO 阶段，以财经公关费、抑价成本及时间机会成本系统衡量隐性发行成本，研究风险资本多次联合投资结成的资本力量对隐性发行成本的影响，从机会成本的视角探究"资本同盟"的价值增值效应；在企业上市后的风投退出阶段，考察风险资本同盟如何从内部渠道及市场渠道影响股票错误定价，从企业市场价值与内在价值偏离的视角研究"资本同盟"对企业价值增值的影响。本书进一步完善了"资本同盟"的价值增值路径，对"同盟"的利益动机及其在资本市场的作用逻辑进行了深刻剖析，对效率与公平问题进行了思考，有利于我们理性辩证地看待风险资本同盟在不同阶段的价值增值效应，这也是对隐性发行成本及资产误定价成因相关文献的有益补充。

第四，从研究意义来看，本书利用风险资本联合投资领域作为天然的实验场所，识别中国风投市场是否存在同盟化现象及"同盟"的构成特征，并用规范的理论分析和实证研究梳理了"同盟"在资本市场中的作用逻辑及其价值增值效应。研究结论一方面有助于监管方认清并重视资本力量的市场边界，对于如何识别各种场景中的"同盟"，利用"同盟"整合资源、凝聚力量，提升企业价值，同时对其加强动态监管、引导资本力量的有序竞争有重要的指导意义；另一方面，本书对投资机构如何选择长期合作的"辛迪加"伙伴、不确定事件的应对及自身价值增值具有参考价值；此外，有助于从文化的视角剖析"同盟"的价值增值效应，为我国企业发展注入内在动力，对重新审视我国传统文化对经济金融的深刻影响具有重要的意义。

2 文献综述

本章回顾和梳理了风险资本同盟价值增值效应的相关文献。首先，本章对风险资本联合投资价值增值效应的相关文献进行了综述，同时也阐述了风险资本同盟研究领域的相关研究成果。其次，由于本书研究风险资本同盟在不同阶段的价值增值效应时，分别是从隐性发行成本和股票资产错误定价的全新视角切入的，因此接下来重点梳理了隐性发行成本的影响因素、风险资本与隐性发行成本以及资产误定价成因相关的文献。最后，对文献进行述评，提炼出本书的研究机会。

2.1 风险资本联合投资的价值增值效应

既有的风险资本联合投资相关文献主要从投资动机、行为偏好、投资绩效三个方面研究了联合投资对企业价值增值的影响。

2.1.1 投资动机

Lockett 和 Wright（1999）认为联合投资是通过标准的多元化战略来降低风险的一种手段。联合投资的多个资金来源可以分散投资风险和解决资金难题（Wilson，1968；Bygrave，1987；Lerner，1994；Kaiser et al.，2007）。Cumming（2005）研究发现，风投机构的投资行为受到 IPO 退出的流动性风险影响，因而风投机构倾向于选择"辛迪加"联合投资形式，以更好地对创业项目进行挑选，同时，各个机构各自发挥专业所长，也可以降低潜在的投资风险。Lerner（1994）实证检验了"第二种意见"假说、"饰窗"假说和"权益恒定"假说。"辛迪加"成员通过互补资源和能力优势与更多的风投机构同行建立合作关系（Brander et al.，2002），也可以通过投资项目的良好业绩表现来迅速建立市场声誉，有助于持续向一般合伙人募集基金（Podolny，2001；

Milanov et al.，2008）。Bayar et al. （2019）通过设立理论模型并进行实证研究，分析了企业家与一个 VC 签约、与两个 VC 单独签约或与由两个 VC 组成的集团签约为项目融资的均衡选择，认为"辛迪加"投资减轻了风险投资人在价值增值方面的道德风险问题。Casamatta 和 Haritchabalet（2007）认为风投机构在"第二种意见"的利益与学习成本之间权衡。联合投资的多个资金来源分散了投资风险（Wilson，1968），如果参与成员的投入资金分散化程度不大，那么风险分散的效果会较好。相反，如果成员之间投资金额彼此差异较大，甚至出现一股独大的局面，那么持股的相对集中会使得分散风险的效果大打折扣。联合投资多个成员彼此之间存在的差异可能会增加投资成员之间的沟通成本，降低企业决策和执行效率（Hambrick et al.，1996）。

2.1.2　行为偏好

风险资本如何选择辛迪加成员由 Casamatta 和 Haritchabalet （2007）；Cestone et al. （2007）正式建立模型进行分析。Casamatta 和 Haritchabalet（2007）研究发现，联合投资有利于避免竞争，有经验的风投机构能够更准确地发送信号给同样有经验的风投机构，联盟只建立在强者之间。Cestone et al. （2007）构建了基于双边的信息不对称模型，发现信号掌握在领导者手中，辛迪加联盟的经验水平会随着领导者的经验提高而提高。Sorenson 和 Stuart （2008）、Hochberg et al. （2015）通过实证研究发现，当目标投资公司的行业或者地域"炙手可热"，或者拥有资本资源的风投机构与其他在这一方面有经验能力的风投机构联盟时，这两个机构能够建立更紧密的联系。Gompers et al. （2016）从风险资本家的个人特征出发，发现有相似的个人特征（比如相同的毕业学校、种族、性别等）的风险资本家更容易结成投资联盟。Du（2016）研究了风险投资联合投资对于 VC 成员的选择偏好，他们认为相似的成员会减少交易成本，而同时也会减少学习机会。风投机构更愿意同与自己相似的伙伴联合投资，但是长期来看，他们可能会从不同的伙伴身上受益更多。Bayar et al. （2019）基于信息经济学开发了一种理论模型，为风险资本联合投资提供了新的理论依据。他们认为联合投资能够减轻道德风险，带来价值增值，且由同一个"辛迪加"在不同轮次进行投资会有更好的退出表现。

2.1.3　投资绩效

采用联合投资策略进行投资是风险投资的显著特征（Chemmanur et al.，2012）。联合投资是否具有价值增值效应在学术界尚存在争议。Brander et al.

（2002）、Lehmann（2006）、Das et al.（2011）、Hochberg et al.（2007）等学者支持联合投资会带来企业价值提升的观点。他们认为联合投资有以下作用：能够提供互补性管理经验；具有广泛的关系网络，能增强信息传递；有助于企业成长率的提升，IPO成功退出的可能性更大，时间跨度更短，退出收益更高；联合投资资本更有风险偏好倾向，更能促进企业创新，帮助企业获得更好的上市后运营绩效。Chemmanur et al.（2012）发现联合投资的公司有更低的IPO抑价率，而且这种更高的IPO价值创造不是一个短暂的IPO时点现象，而是在长期可以带来更高的金融市场价值。葛翔宇等（2014）通过创业板的数据实证发现，联合风险投资支持的公司具有更低的IPO抑价率以及更高的短期异常回报率。王聪聪等（2019）采用创业板上市的公司为样本，发现联合风险投资与单独的风险投资相比显著降低了IPO抑价率，领投风投持股比例和声誉与IPO抑价率显著负相关。冯照桢等（2016）指出异质性风投联合持股会显著降低IPO抑价，机构数量越多，IPO抑价越低。唐霖露和谈毅（2015）研究发现，联合投资能够提高成功退出的概率，但对企业上市后的经营绩效、IPO筹资金额没有显著影响。李九斤和徐畅（2016）研究发现联合风投数量对投资企业的市场表现具有显著的影响，风险投资机构数目越多，市场表现越好。陆瑶等（2017）研究指出，风险资本联合投资的公司比被单独投资的公司有更好的创新能力；联合投资机构数目与公司的创新能力显著正相关；风险投资的持股时间也与企业创新的积极影响正相关。

有一些学者持反对观点，认为联合投资对企业价值的提升并不乐观（Wright et al.；2003；Gompers et al.，2016；Tian et al.，2017；胡刘芬等，2017）等。他们指出，参与联合投资的机构比起单独投资不会这么尽心尽责，联合投资机构之间的协调成本增加，委托代理问题加重。除此之外，联合投资成员会瓜分投资项目收益，也可能引发道德风险问题。联合投资是一种以社会交换为目标的行为，这些都会对企业的价值提升造成负面影响。

2.2　风险资本同盟的价值增值效应

2.2.1　风险资本同盟及其构成

风险投资是一个高风险、高收益的行业，从信息不对称中寻找获利机会，为了降低投资风险，风投机构选择伙伴采用参股方式进行投资。因此，联合投资为风险资本同盟的形成提供了土壤。目前关于风投关系的研究一般从两个角度出发。一是基于自我中心网络视角，认为关系网络中的位置、间接连接等起核心作用。二是基于整体网络视角，认为网络本身的密度、规模等结构特征影响机构投资绩效。Hochberg et al.（2007）、Hochberg et al.（2010）、Deli 和 Santhanakrishnan（2010）等分别从自我中心网络视角、整体网络视角出发检验了联合投资网络对企业价值增值的影响。

近年来，随着风险投资关系研究的不断深入，有学者提出了网络社群的概念，并将其视为关系网络分析的中观层面。网络社群是网络中关系较为紧密的个体结合形成的次级团体（Clauset，2005）。Sorenson 和 Stuart（2001）研究发现风险投资机构因为联合投资策略的广泛使用，使得风险投资内部容易结成网络社群。Zheng（2004）使用派系分析方法，对美国公司型风险投资机构（CVC）所形成的网络结构进行了识别，认为风投网络不具有凝聚性。周育红和宋光辉（2014）发现从 2004 年开始，中国风投联合投资的"派系"越来越多，大家越来越喜欢"抱团"，紧密合作的团体数量剧增。Girvan 和 Newman（2002）提出了新的 Girvan-Newman 非重叠社群算法。金永红和章琦（2016）、罗吉和党兴华（2017）运用此方法，采用中国风险投资数据进行了社团结构识别。Clauset（2005）、罗吉和党兴华（2017）认为风险投资中存在显著的，基于联合伙伴选择偏好的网络社群，直接表现为风险投资机构间的"抱团行为"。Bubna et al.（2019）指出风险投资机构倾向于与固定的、更加偏好的伙伴进行联合投资，相互更熟悉的风险投资机构聚集形成风险投资机构社区[①]。

国外的研究普遍发现风投同盟是"强强联合"的产物。例如，Lerner（1994）发现，风投机构倾向于与实力相当的机构联合投资，特别是在早期融资阶段，这种现象更加明显。Cestone et al.（2007）、Casamatta 和 Haritchabalet（2007）发现有经验的风投机构更愿意与同样有经验的风投机构联盟。Sorenson 和 Stuart（2008）认为有资本的风投与有经验的风投更易形成同盟。Hochberg et al.（2015）以风险资本联合投资网络为基础，考察了网络中潜在合作伙伴之间形成联系的潜在动机，揭示了代理成本和资源积累在企业之间关系构建的相对重要性。研究发现，风投机构之间形成经济联系的相似性动机较小，更多的是体现为向高阶资源的攀附，资金和资金的交换动机较小，而资金和能够带来价值增值的其他资源交换更重要。Bayar et al.（2019）基于信息经济学分析，认为风投社区的形成能够减轻道德风险问题。罗家德等（2014）

---

① 现有文献对熟悉的风投机构聚集的现象尚未有统一的称谓。例如，罗吉和党兴华（2017）使用了社群的概念，而金永红和章琦（2016）在文中将其称为社团，Bubna et al.（2019）使用的是"Community"，因此本书在此处将其译为社区。

采用田野访谈资料和历史文本资料，用社会学的研究方法分析了中国风险投资同盟的生成机制。他们发现，中国风投市场中的同盟存在明显的"强弱联合"特征，表现出"大哥带小弟"的现象，风投同盟内部、外部行使不同的规则。

2.2.2　风险资本同盟与价值增值

风险资本同盟将中国"长线思维"互动模式体现得淋漓尽致，"同盟"能够带来异质性资源（罗家德 等，2014），在中国转型经济中起着不可忽视的重要作用，作为正式制度的补充助推企业高效运作和经济发展（罗家德，2020）。Bachmann et al.（2006）、温军和冯根福（2018）等指出与熟悉的伙伴进行联合投资可以在一定程度上避免风险投资的创新攫取行为。

目前立足中国"同盟"的研究还有很大突破空间，关于风险资本同盟价值增值效应的文献十分匮乏，相关的大样本实证研究更为稀缺。仅有少数学者从风险投资社群的角度出发研究了其经济效应。例如，罗吉和党兴华（2017）研究发现，风投机构的社群成员身份对其投资绩效有显著的促进作用，自中心网络聚集程度对网络社群与投资绩效具有显著的正向调节作用。Bubna et al.（2019）研究证实，处于风投社区中的风投机构投资的企业会带来更多的创新成果及有助于其更快通过 IPO 和并购方式成功退出。

2.3　风险资本与隐性发行成本

2.3.1　隐性发行成本及其影响因素

Ritter（1987）首次将 IPO 发行成本区分为直接发行成本和隐性发行成本。其中，直接发行成本指向发行上市中介机构和交易所支付的发行费用，主要包括占比最大的承销费、其他中介机构费用和其他费用，而 IPO 隐性成本则指 IPO 抑价和其他难以衡量的隐性成本。目前，我国 IPO 公司需要负担的隐性发行成本主要包括准入成本、信息披露成本、财经公关成本、时间成本、抑价成本（孙亮 等，2015）。这些通常不被披露的隐性成本极为高昂，对公司上市造成了极大的阻碍。

隐性成本中最核心和占比较大的是财经公关费（孙亮 等，2015；王木之 等，2016；宋顺林 等，2017）。简而言之，公司的财经公关费主要是指在 IPO 过程中花费的各种宣传推介费用。这些费用的支出包括发布招股说明书的材料费，在报纸、杂志、网络媒体等宣传媒介上的支出，聘请专门的财经公关公司的费用，危机公关的支出，以及线上线下路演等推介活动的一系列开支（邵新建 等，2015；易志高 等，2019）。首先，公司想要上市必须进行上市辅导，不仅要进行规范整改，更要进行必要的包装，提升公司价值和形象。其次，媒体是资本市场中重要的信息传播者，在信息披露、信息扩散方面发挥着中介作用，极大地降低了信息收集成本（Tetlock，2010；Becker et al.，1993）。企业要进行大力宣传推介增强投资者信心都要依仗新闻媒体。媒体可以采用吸引眼球的叙事风格和报道策略，提高投资者关注度。此外，媒体报道并非总能不偏不倚，为了牟求私利，媒体可能与公司高管合谋，对信息进行取舍，放弃中立的立场，甚至进行寻租索要巨额"有偿沉默费"（李培功，2013；方军雄，2014）。因此，大部分公司都会不惜斥巨资进行财经公关。IPO 公司财经公关费的支出不可小觑，平均高达 1 189 万元（王木之 等，2016）。财经公关已然成为 IPO 公司不可或缺的媒体信息披露及投资者关系管理手段。

隐性成本中另一项被学术界探讨相对较多的是 IPO 抑价。IPO 抑价是一种机会成本，被形象地称为"留在桌子上的钱"（Leave Money on the Table），是衡量新股发行价与市场价之间差距的指标。虽然公司不需要对这种成本进行直接支付，但却不得不承担因新股发行定价错误而带来的无谓损失。学术界比较有代表性的观点认为 IPO 抑价主要源于信息不对称引起的不确定性（Welch et al.，2002）。中国目前的询价制度实际上是基于累积投标制和固定价格结合的混合定价机制。对发行公司而言，IPO 的主要目的是获取支持其未来发展所需的资金，而不是短期内出售公司股权退出经营，因此短期内公司股价表现对发行人影响较小，发行人想要追求更高的发行价格。发行价和首日市场表现的差距越大，意味着发行人遭受了越大的损失。1980 年至 2016 年全球资本市场的 IPO 抑价使得发行人"留在桌面上的钱"高达 1 551.4 亿美元（魏志华 等，2018），而中国资本市场上的 IPO 抑价率曾一度被认为是世界主要资本市场中最高的（Tian，2011）。

由于上市隐性成本难以统计和度量，目前仅有少数学者将研究视角放在此领域，并且这些文献中对其经济后果的研究成果较多，对隐性成本影响因素的研究相对匮乏。探究这个领域的学者们尝试从不同的角度切入，对 IPO 公司隐性成本进行衡量，大致分类为财经公关费、IPO 抑价和时间机会成本。方军雄（2014）用披露的发行费用中的其他费用衡量支付给媒体的"有偿沉默费"。邵新建等（2015）用总发行费用减去承销保荐费、会计师审计费、律师的律师费用来衡量媒体公关费。王木之和李丹（2016）用非预期承销费用的回归残差进行后三年的预测，衡量媒体公关费用。汪昌云等（2015）研究指出，

IPO 公司会积极在定价造势期进行媒体信息管理，以此降低与外部投资者之间的信息不对称程度。Chemmanur et al.（2012）、李海霞和王振山（2014）用 IPO 抑价率代理隐性成本。宋顺林和辛清泉（2017）则以从证监会受理材料到最终发行上市的天数衡量上市的时间机会成本。学者们普遍发现隐性成本越高的企业，其上市后的会计业绩和市场表现也显著越差（方军雄，2014；宋顺林等，2017）。

IPO 隐性发行成本是发行人、投资者、承销商、信息媒体等多方博弈的结果，受到各种因素的制约影响。其中，信息因素至关重要。资本市场本质上是一个信息市场，发行人如何将企业信息有效、准确地传递给投资者是 IPO 企业能否顺利融资的关键，也决定着资本市场的运行效率。信息不对称程度越高，意味着公司的价值不确定性越强（Ljungqvist et al., 1998；Beatty et al., 1986）。这类公司往往 IPO 抑价率更高（Ritter, 1984；Ibbotson et al., 1994；Benveniste et al., 2003），筹资成本更高（Ang et al., 2002；Schrand et al., 2002）。为了争夺 IPO 的稀缺资源，要在白热化的竞争中胜出往往需要中介机构做更多的"粉饰"工作，"粉饰"支出的增加必然会提高隐性成本（刘烨等，2015）。同时，公司在 IPO 过程中不能准确有效地传递信息往往会导致更多的质疑，从而不得不向中介机构、IPO 参与方支付更多的费用，用于完善材料、回应投资者质疑以顺利通过上市审核，这不仅可能增加媒体公关费，也可能增加时间机会成本和其他上市成本（方军雄，2014；宋顺林等，2017；张光利等，2021）。

相较于 IPO 抑价，对财经公关费、时间机会成本这些隐性发行成本的影响因素的研究成果目前还较少。学者们大多聚焦在制度层面展开分析，比如保荐制、预披露制度的实施对上市隐性成本造成的影响。刘烨等（2013）研究发现，保荐制的实施使得 IPO 企业隐性成本大幅下降，为市场化改革提供了依据。方军雄（2014）检验了 IPO 预披露制度对 IPO 有偿沉默费的影响，发现 IPO 预披露制度的引入助长了 IPO 有偿沉默现象的发酵。

2.3.2　风险资本与隐性发行成本

学者们发现制度的外生因素的冲击会一定程度上影响企业的隐性发行成本（刘烨等，2013；方军雄，2014），但是从公司的内部因素切入，诸如风险资本作为投资人股东的参与会如何影响 IPO 公司的隐性发行成本还鲜有文献进行全面、系统的分析。

风险投资机构对具有高潜力、高成长性的未上市企业进行直接融资，区别于其他金融机构的一个重要特征是超越传统融资带来的价值提升功能（Fried et al., 1994；Kaplan et al., 2000；Hellmann et al., 2002）。诸如投前的甄选、投后的积极管理、有效监督，广泛的资源和关系网络的运用都能提升企业价值（Barry et al., 1990；Hochberg et al., 2007），缓解代理问题，为企业带来种种便利（Gompers et al., 1999）。风投对企业的控制能力和信息优势也有实证研究的明显证据。Baker 和 Gompers（2003）发现风险投资公司有更多的独立董事。Lerner（1995）发现在公司 CEO 被撤换的期间，风投的董事会席位显著增加了。此外，风投机构还可以利用自身的市场经验提升被投企业股票市场的长短期市场价值（Chemmanur et al., 2012），择时退出获取高额收益（Gompers et al., 1998）。

目前学术界关于风险资本对隐性发行成本影响的探讨主要集中在 IPO 抑价方面。Barry et al.（1990）研究发现了风投机构对被投企业具有"认证"作用，公司所有权属性、董事服务期的长短以及风投的投资经验与 IPO 抑价率负相关，通过对企业的监督能够降低 IPO 抑价率。风险投资向被投公司提供了很好的监督，从而通过更低的抑价率被资本市场认可。到目前为止，关于风险资本是否能够有效对被投企业进行"认证"，学者们仍然各持己见。基于信息不对称视角，比较有代表性的理论假说主要有"认证"论和"扎根"论两种。

Megginson 和 Weiss（1991）的研究支持了"认证"理论。他们用行业以及发行规模进行匹配，发现有风险投资支持的 IPO 首日回报显著低于非风投机构支持公司的 IPO 首日回报率。他们认为风险投资能够对公司的真实价值进行认证，从而降低了 IPO 抑价率。同时，风险资本在 IPO 后保留的股份作为一种承诺机制。Wang et al.（2003）选取了新加坡资本市场上市的公司为样本，实证结果表明有风险投资支持的公司具有较低的 IPO 抑价率和较高的承销商声誉。李曜和宋贺（2016）证实了风投机构与券商保荐机构的长期合作关系有助于风投机构认证作用的更好发挥。Jeppsson（2018）利用 2003—2016 年上市的 311 家美国风险支持企业为样本，控制参与 IPO 的内生性，考察了风险资本家参与首次公开发行的作用，价格调整与完成 IPO 的可能性以及 IPO 后期的持股保留情况，支持了认证理论。

"扎根"理论则认为风投资本家为了获得资本市场的认可从而募集到更多的资金，为自己建立良好的声誉，可能以更高的 IPO 抑价为代价让企业更早地公开上市。Gompers（1996）认为年轻的风投公司有"逐名"动机，比起成熟的风投机构，他们会为了让投资组合公司更早上市而不惜付出更大的隐性成本。

同时也有一些学者提出了对上述两派观点的质疑，认为风险资本具有异质性，不能一概而论，不同特征的风险资本在企业 IPO 过程中发挥的作用功能有所区别（Gompers et al.，1997）。例如，Chemmanur et al.（2012）发现风险资本联合投资的公司有更低的隐性成本，风险资本对公司的价值增值不是一个短暂的时点现象，在长期也会带来市场价值的提升。张学勇等（2014）研究发现，整体上中国风险投资持股的公司并不具备显著更低的 IPO 抑价率，仅有券商背景风险投资持股的上市公司 IPO 抑价率显著较低，表明券商背景的风险投资机构对其所投资的公司具备认证效应。张学勇和廖理（2011）发现外资和混合背景的风投机构投资的企业 IPO 抑价更低，指出不同背景的风险资本在企业 IPO 过程中发挥的认证作用不同。冯照桢等（2016）研究发现长期风险投资能够发挥认证监督作用，对降低 IPO 抑价有显著作用，但短期风险投资更多表现为"逐名"动机。

我国的资本市场起步晚，发展仍不成熟，整体治理环境较差，隐性成本成为众多公司上市的"拦路虎"，尤其值得重视。隐性发行成本并不完全由外界环境决定，公司如何发挥主观能动性提高质量和规范性，积极改善信息环境，降低发行的隐性成本并未引起学术界的足够重视。Stuart et al.（1999）研究指出，具有信息优势的第三方对公司质量的"背书"，能够有效降低信息不对称，提高资本市场运行效率。风投机构具有对企业的控制能力和信息优势（Lerner，1995；Baker et al.，2003），能够降低参与各方的信息不对称程度（Megginson et al.，1991；Chemmanur et al.，2012）。然而，遗憾的是，风险资本是否能够发挥"认证"作用在学术界并未达成一致意见。尤其是在中国，风投市场起步较晚，很多机构比较年轻，许多学者认为其动机更多体现为"扎根"（陈工孟 等，2011；李海霞 等，2014）。

2.4 风险资本与资产误定价

2.4.1 资产误定价及其成因

（1）资产误定价及其衡量方法

资产误定价是指在各种因素的影响下股票价格偏离其内在价值的现象（Fisher et al.，1984）。理论上，在完全有效的资本市场中，信息传递及时准确，投资者完全理性，一切有价值的信息都充分地反映在股价走势中，股价能够准确反映资产内在价值。资产误定价"金融异象"对有效市场理论提出了挑战。在完美的有效市场中，资产误定价要么是一个暂时的现象，由于套利者的存在价格很快就会回归到真实价值（Friedman，1953），要么被视为不能被资产定价模型所解释的对系统性风险补偿的部分（Fama et al.，1993）。

但在现实中，资本市场中信息不对称现象非常突出，投资者并非完全理性，股票价格并不能根据信息迅速灵活地调整，在其他混杂因素的干扰下，股票价格与内在价值产生了偏离。资产误定价现象在各国成熟资本市场和新兴市场中都普遍存在。中国的资本市场作为一个新兴市场和转轨市场，股票高估值现象十分突出（花贵如 等，2011）。

目前被广泛采用的资产误定价衡量方法主要有以下几种。

第一种方法是 Feltham 和 Ohlson（1995）建立的剩余收益估值模型。这种方法主要采用公司自身的财务数据进行内在价值的估算，能够避免行业划分标准的影响，用股票价格与内在价值之比取自然对数衡量市场价值与内在价值的偏离程度。这种方法被许多学者证实能够较好地衡量资产误定价水平并被广泛采用。例如，Lee et al.（1999）、Frankel 和 Lee（1998）、Ali et al.（2003）发现这种方法能比账面市值比更好地预测股票回报。Dong et al.（2006）、游家兴和吴静（2012）、徐寿福和徐龙炳（2015）等都采用了这种方法度量资产误定价水平。

第二种方法是由 Berger 和 Ofek（1995）提出的相对估值法，与第一种方法有类似之处，但采用了行业的平均水平作为基准。他们首先采用 Fama-French 48 部门分类法进行行业划分，然后依据公司所处行业的中位数来推算公司的基础价值，最后用普通股的市场价值与负债的账面价值之和与基础价值之比取自然对数衡量资产误定价程度。这种方法也被游家兴和吴静（2012）、Pantzalis 和 Park（2014）等广泛采用。

第三种方法是 Rhodes-Kropf et al.（2005）提出的市值账面比分解的方法，用于衡量公司特定组成部分中市场价值和基本价值的差异。这种方法将市值账面比分解为三个部分：股票的真实增长、公司层面的错误定价以及行业层面的错误定价。市值账面比是常见的股票价值衡量指标，首先被分解为两个部分，一是价格与基础价值之比，代表错误定价水平；二是基础价值与账面价值之比，代表股票的真实成长机会。第一个部分在完全有效市场中将会趋近于零，而在非有效市场中会表现为高估或者低估。这一部分将进一步被分解为公司层面的资产误定价，反映公司股价与同行业平均估值水平的差异；以及行业层面的资产误定价，反映行业整体估值水平与行业平均真实水平的差异（陆蓉等，2017；崔晓蕾 等，2014；游家兴 等，2012）。

还有些文献采用 Tobin Q（Baker et al.，2003）、可操纵应计盈余
（DACCR）（Polk et al.，2009；李君平 等，2015）、经行业调整的市值账面比
（Walkling et al.，1985；Ikenberry et al.，1995；Rau et al.，1998）、超额回报率
（Pantzalis et al.，2014）来衡量资本市场的错误定价水平。Chemmanur et al.
（2012）、杨开元等（2013）、尹玉刚等（2018）则采用因子模型测算了公司的
超额异常收益，从资本市场异象的角度对资产误定价进行了度量。

（2）资产误定价的成因

现有文献主要将资产误定价的成因归结为两类。

第一类研究单纯从外部市场的角度切入，从噪声交易者、有限套利、卖空
限制以及行为金融学等角度进行分析。De Long et al.（1990）指出投资者情绪
的波动是不可预知的，当价格越远离基础价值的时候，投资者的情绪波动更为
剧烈并容易走向极端，而这种"噪声交易者"的存在使得套利的作用只能有
限度地发挥。Shleifer 和 Vishny（1997）指出很多时候套利是由相对较少的高度
专业化的投资者使用他人的资金进行的，这种套利对证券定价有一定的影响，
在价格与基本价值相差甚远的极端情况下，套利可能变得无效，资产价格和内
在价值的差异将持续存在。游家兴和吴静（2012）借用"沉默的螺旋"理论，
用文本分析的方法构建了媒体情绪指数，发现媒体情绪会推动股市泡沫的产
生，乐观或悲观的媒体情绪对偏离的影响有不对称性。宋常和揭晓小（2015）
也从媒体的角度进行了研究，发现媒体的权威性使得投资者严重跟风，媒体报
道数量越大，资产误定价程度越高。张静（2017）研究发现，投资者对某种
股票的关注度会影响投资偏好，导致资产误定价的产生。同时，投资者情绪与
偏离程度正相关。刘维奇和武翰章（2018）在三因子模型中加入情绪因子，
研究发现投资者的乐观情绪是资产价格产生偏离的主要原因。方毅和牛慧
（2021）分析了融资融券前后机构投资者对于资产误定价的不同作用，发现在
融资融券前，机构投资者因缺乏卖空工具而不能有效纠正错误定价，而在融资
融券后投机型机构投资者存在骑乘泡沫行为。

第二类研究认为资产误定价并不单单是由外部市场的因素导致，这类研究
基于信息不对称理论，从公司内部切入进行分析，研究了管理层的盈余管理活
动、会计信息披露质量等对资产误定价的影响。当外部投资者获得信息的机会
有限或投资者获得的信息质量较差，外部投资者对公司未来现金流的模糊性增
加，市场价值与内在价值偏离的程度越大。Pantzalis 和 Park（2014）验证了委
托代理成本和资产误定价的关系，发现原本意为减缓代理冲突的股票期权却加
剧了资产误定价水平。徐寿福和徐龙炳（2015）发现了信息披露质量和资产

误定价程度的负相关关系。王生年和朱艳艳（2017）通过实证研究发现，股权激励会增加公司管理层的盈余管理机会主义行为，扩大公司与外部投资者之间的信息不对称从而加剧资产误定价水平。赵玲和黄昊（2019）利用高铁开通这一外生冲击，研究了基础设施建设带来"软信息"流动的加快对资产定价偏误的缓释效果，证实高铁开通能够降低信息不对称而提高定价效率。许罡（2020）采用双重差分法，验证了CSR报告强制披露对缓解资产误定价程度的影响，其影响途径主要是降低信息不对称和加强会计信息质量的传导。

2.4.2 风险资本与资产误定价

风险资本是特殊的持股股东，既可以行使权力参与公司经营管理，也可以充分利用市场的力量影响股价。从理论上讲，风险资本从内外两个方面都可能影响资产误定价程度。尤其是风险资本需要在二级市场上减持才能"落袋为安"，获取高额利润，股价自然是其关注的重点。目前风险投资领域的研究主要集中在公司未上市阶段发挥的作用。很多文献只是单纯假设风险投资会在上市后迅速退出，而忽略了在中国存在锁定期较长及减持的现实困难，或者出于IPO暂停等行政监管的干扰、可以持续获利等原因，许多风投在上市解禁后相当一段时间仍会继续持有股份（吴超鹏 等，2012；罗炜 等，2017；冯怡恬 等，2019）。

现有关于风险投资在上市后如何影响公司资本市场表现的研究相对匮乏。大部分学者认为风险资本联合投资相比单独投资会对公司的市场价值影响更大（Chemmanur et al.，2012；葛翔宇 等，2014；李九斤 等，2016），但联合投资如何影响公司在资本市场的表现同样存在争议。Chemmanur et al.（2012）发现联合投资的公司在长期可以创造更高的金融市场价值。葛翔宁 等（2014）以创业板的数据为样本，通过实证分析发现，联合风险投资支持的公司有更高的短期异常回报率。李九斤和徐畅（2016）研究发现联合投资机构数量对被投企业的市场表现具有显著的影响，风险投资机构数目越多，市场表现越好。张学勇和张叶青（2016）指出创新能力才是更好的长期市场表现的驱动力，建立公司的创新能力才是关键所在。而谈毅 等（2009）、唐霖露和谈毅（2015）并未发现联合投资对资本市场表现具有显著影响。权小锋与尹洪英（2017）、袁涛（2018）将风险投资持股引入资产误定价与企业股价崩盘风险的关系研究，认为风险投资兼具控制属性与联合属性，控制属性起到了监督作用，抑制了股价崩盘风险，联合属性因"搭便车"的存在而抑制效应不显著。

风投机构纵然具有价格发现的效率功能（张学勇 等，2011；Brav et al.，

2000），但"资本同盟"对于利益的追逐极可能衍生出公平问题。Masulis 和 Nahata（2011）发现风险投资为了在短期内收回投资实现成功退出，与企业管理层合谋进行财务粉饰。蔡宁（2015）论证了风投支持的公司在上市时和上市后的盈余管理程度均高于没有风投支持的公司，而上市后长期市场表现更差。

上述研究表明，风险资本影响被投企业在资本市场表现的渠道和动机呈现多样性。众多文献证实风险资本联合投资相比单独投资对企业的市场价值增值效应更显著。本书试图从"差序格局"文化的视角研究多次联合投资所形成的"资本同盟"如何影响企业市场价值偏离其内在价值，探究风险资本同盟在资本市场影响企业市场价值增值的作用逻辑。

2.5 文献述评

既有文献为本书进一步的研究提供了很好的平台和基础。众多文献已经从公司的监督管理、投融资效率、企业生产效率及创新、市场价值、联合投资、关系网络等视角研究了风险资本对企业价值增值的影响。然而，在不同国家的不同时期所得到的研究结论显示出很大的差异。特别是在中国，学术界在风险投资领域的研究相对匮乏，一方面因为中国风投数据较少，尚未引起学者的关注；另一方面风险投资属于私募基金，投资、管理等信息仅限于内部交流，客观上数据的隐秘性较强，大样本的数据收集不易，类似的研究尤其是大样本实证研究并不丰富，关于联合投资的大样本研究更少，在很多实证结论上有较大争议。基于"同盟"的研究还处于试探性阶段，研究内容和方法都需要进一步深化。现有研究主要存在以下问题：

（1）现有文献大多忽视了中国"差序格局"的特殊文化背景和以同盟内文化为要义的现实，仅仅从个人之间的关系网络视角展开分析，得到的结论可能不具有说服力。学术界往往基于个人之间的关系连接，如校友、老乡、同事关系等形成的关系网络研究资本的力量（Cohen et al., 2010; Xu et al., 2021），这些社会关系源于个人，在资本市场中并不能确定形成经济利益共同体，极有可能陷入"有关系，无同盟"的假象之中。在风险资本市场，机构间"真金白银"的联合投资是关乎实实在在利益的重大决定，尤其是在一些特殊的宏观经济背景下，譬如当风投机构集体面临募资难、退出难的寒冬时刻，真正发挥作用的是"同盟"。与一般的关系相比较，"同盟"能够实现资金、市场、人才、信息等方面"抱团取暖""优势互补"，"资本同盟"对企业的作用更明显，经济效应更显著，更符合资本市场运作的逻辑。

（2）目前绝大部分"同盟"的研究都是基于社会学的视角展开的（罗家德 等，2014；尉建文 等，2021），鲜有学者从经济金融的角度出发，对"同盟"进行量化，系统研究风险资本同盟在微观层面如何影响风投机构自身与被投企业的价值增值。虽然逐步有学者从中观层面识别出风投网络社群，反映出风投机构偏好关系紧密的熟悉伙伴的现实，但这个领域的研究一般是采用Girvan-Newman 非重叠社群算法，识别风险投资机构的网络聚集行为，展现投资机构网络空间分布状况（罗吉 等，2017；Bubna et al.，2019）。这种网络社群中既有强关系连接，也有弱关系连接，更类似于西方的"团体格局"，不能很好地体现出中国社会的"关系"内涵和以"己"为中心的"差序格局"的社会结构。此外，目前大部分文献都假定文化因素是外生的，但形成"资本同盟"需要一定的特质，并非严格外生。什么因素影响"同盟"的形成，"资本同盟"的表现特征如何，这些问题都需要进一步研究和分析。中国风险资本同盟的研究缺乏大量数据上的实证分析，这是本书研究的逻辑起点。

（3）大量文献都聚焦于风险资本的被投企业价值增值效应，关注风投机构自身价值增值的文献相对较少。本书以中国传统人际关系文化为切入点，研究了"资本同盟"中风投机构的同伴特征，考察了风险资本同盟如何影响风投机构的投资效率和绩效，更为全面系统地分析了风险资本同盟对风投机构自身的价值增值效应。

（4）现有文献鲜有从机会成本的视角切入考察风险资本的价值增值效应。隐性发行成本是公司上市的"拦路虎"，在新兴转型经济中尤其值得重视和研究。但由于隐性发行成本的复杂性，对该领域的研究还相对匮乏。现有研究主要集中在对 IPO 抑价率这种隐性成本的探讨上（Tian，2011；Ljungqvist et al.，1998；Chemmanur et al.，2012；李海霞 等，2014）。对财经公关费和时间机会成本等其他隐性成本进行研究的学者主要关注其经济后果（邵新建 等，2015；易志高 等，2019；宋顺林 等，2017）。仅有极少数学者聚焦在外在的制度层面对其影响因素展开分析（刘烨 等，2013；方军雄，2014）。现有文献十分缺乏对隐性发行成本全面系统的研究。本书选取了风险投资领域作为天然的实验场所，尝试从财经公关费、IPO 抑价及时间机会成本三个维度衡量隐性发行成本，研究风险资本多次联合投资结成的资本力量对隐性发行成本的系统影响，以期厘清隐性发行成本的影响因素，考察"资本同盟"在被投企业 IPO 阶段是否具有"认证"功能，能否显著降低隐性发行成本、提升被投企业价值。

（5）现有文献鲜有从股票资产错误定价的视角切入考察风险资本在退出

阶段的价值增值效应。目前对资产误定价成因的研究主要聚焦在公司内部及外部市场因素。外部因素主要从噪声交易者、有限套利、卖空限制以及行为金融学等角度出发（De Long et al., 1990；Shleifer et al., 1997；李科 等，2014；游家兴 等，2012），内部原因主要从管理层的盈余管理活动、会计信息披露质量、CSR 报告强制披露等角度出发（Nanda et al., 1999；Healy et al., 2001；王生年 等，2017；许罡，2020）。鲜有文献从风险资本这一持股股东的行为切入。风险资本的特殊性在于既可以参与公司经营管理，又可以从多渠道影响外部市场因素，而基于风险资本多次联合投资形成的风险资本同盟会如何影响被投企业市场价值与内在价值的偏离，究竟是激浊扬清还是推波助澜？本书尝试进一步厘清资产误定价的成因，考察风险资本同盟在企业上市后的价值增值效应。

本书选取了风险资本联合投资的天然土壤，构建了风险资本同盟指标，尝试对"同盟"进行量化，探索风险资本同盟的价值增值效应。本书系统研究了风险资本同盟对风投机构自身及被投企业价值增值的影响，考察了"资本同盟"在被投企业 IPO 阶段和上市退出阶段，在资本市场不同的作用逻辑。本书从风险资本同盟如何影响隐性发行成本及股票资产错误定价的全新视角切入，是对上述文献的有益补充。

3 理论基础

本章主要从三个方面进行阐述。一是关于中国的人际关系，特别是"同盟"这种非正式制度的形成及发挥经济效应的基础和作用机理。二是风险资本同盟的构成过程是同盟成员反复筛选、认证的过程，涉及重复博弈理论。三是信息不对称理论，在本书研究风险资本同盟如何影响风投机构价值增值、被投企业隐性发行成本与资产错误定价时被作为重要的理论依据贯穿始终。该理论被广泛运用在风险投资领域及资本市场的研究中，是影响股票发行成本、市场定价效率及投资者对企业内在价值正确判断的关键因素（Ibbotson et al.，1994；徐寿福 等，2015）。

3.1 非正式制度

3.1.1 正式制度与非正式制度

制度经济学认为经济活动中的个体存在相互博弈的过程而形成制度。关注博弈规则视角的学者认为制度是外生设计的（North，1990），聚焦于博弈中的均衡策略的学者则认为制度是内生的（Schotter，1981）。外生的制度强调对个体行为的引导和约束，以最终达到一个策略均衡的状态；而内生的制度概念则认为博弈参与方的行动集合会自动达到均衡，这个过程就是引导和约束个体行为的表征。

进一步地，新制度经济学将制度划分为正式制度和非正式制度。正式制度是以标准化语言书写、成文的、大范围适用的、权威机构负责实施的一系列规定，包括司法规则、经济规则和合约等，具有绝对的强制性。非正式制度是人们在长期生活中形成的，以社会偏好为个体微观基础的共有价值体系（陆冰然，2010）。其一般是不成文的，在一定范围适用的，包括价值信念、伦理规范、道德观念、风俗习惯、意识形态等。非正式制度构成了代代相传的文化的一部分，具有持久的生命力，会影响契约实施成本，对交易秩序有维护作用。非正式制度的重要特征是"社会嵌入型"，这种经济思想强调社会结构与经济制度的内在联系，认为对于经济活动的理解应以既定的社会结构和社会关系为基础。

正式制度和非正式制度彼此呈互动关系，一般有两种代表性的观点。一种观点认为，正式制度和非正式制度两者之间具有互补性，强调正式制度一般应契合非正式制度（魏建国，2010）。另一种观点则认为，正式制度的约束力和非正式制度的灵活性之间存在着相互的替代性（唐绍欣，2003）。正式制度从理论上讲，所有人都应该严格遵守，但是在现实中如果脱离习俗太远，也常常会不被执行。非正式制度虽然大部分没有成文，却被人们所自觉遵从。经济学家往往认为那些真正制约着人们行为的社会结构更为重要，哪怕只是非正式制度（陆铭 等，2008）。

3.1.2 人际关系的建立及影响

现有文献认为宗教、文化、习俗和关系等非正式制度对宏观经济发展、微观个体和企业行为都具有重要影响（Hwang et al.，2012；Fracassi et al.，2012；陆瑶 等，2014）。尤其是中国是一个人情社会。人际关系，作为一种重要的非正式制度，无处不在地影响着中国人的经济和生活。

古典经济学的分析以理性经济人与资源的稀缺性为假设前提，建立了灵活调整的价格机制分析框架，强调了市场这只"看不见的手"的作用。而在后来的经济学研究中，在"市场"范畴之外的，人与人之间的相互联系、影响也被纳入研究的重点。例如，社会经济学注重分析空间因素在人们决策中的重要性，这里所谓的空间突破了看得见、摸得着的物理空间，延伸到个体互动而形成交往边界的"社会空间"。Granovetter（1985）在《经济行为和社会结构：嵌入问题》中提出了"经济行动嵌入于社会结构"的理论，论述了经济行为被嵌入具体的社会关系的观点。

人际关系的建立受到各种因素的影响，比如交往的频次、需求的互补、距离的远近等，同时具有社会属性和经济属性（Lin et al.，2001；柳剑平 等，2012）。其中，社会属性强调个体与所在群体之间的静态关系，经济属性则强调个体在所在的关系结构中获取潜在资源的性质，主要包括投资性和获利性。投资性是指除了天然形成的人际关系，还需要付出时间、精力、资金等要素去建立和维护关系，特别是对信任关系的投资。获利性是指基于这种关系而带来的收益，主要包括三个层面：一是个人通过调动处于关系中的个体或群体的资源带来的自身利益；二是关系结构中基于重复博弈所建立的团体规范，可以提高整体关系的经济效率；三是关系的信号显示作用可以降低群体与外界的信息不对称程度。

人际关系会影响参与人的价值观、态度和信念等，改变人们的预期和行为。在制度不完善、市场不成熟的转型经济中，发挥了积极的"润滑剂"作用（Chen et al.，2011）。Allen et al.（2005）研究发现，在法治建设不完善、金融发展水平不高时，关系机制和声誉机制起着正式制度的补充作用以促进经济发展。人际关系打破了体制的束缚，激发了资源匮乏背景下企业家的创业热情和创新精神（Aidis et al.，2008）。人际关系这种非正式制度的研究早就突破了社会学的边界，渗透到政治学、经济学等各个学科领域。关于人际关系的度量没有统一的标准，根据研究的对象不同，指标的构建也有所差异，主要取决于学者们所关注的重点。

3.1.3 中国人际关系的结构特质及经济作用

中国的人际关系不同于西方的"团体格局"，并非简单的"关系网络"，而是以"差序格局"的文化为典型特征（费孝通，1948）。在西方的"团体格局"中，每个人就像是"一捆柴中的一束"，这一束柴可以随时安放在不同的柴捆中。各个团体之间界限清晰，每个人体现了独立平等的关系，讲究"个人主义"。尽管如此，无论在哪种意识形态的社会中，同盟内（in group）、圈外（out group）的划分趋势均普遍存在（Brewer et al.，1976）。

中国社会受儒家"人伦差序"的观念影响，形成"差序格局"的社会结构。"差序格局"是指 种以自我为中心并像波纹一样向外推出的，基于和自己发生的各种社会关系的，有亲疏、远近之别，并且能够伸放收缩的中国社会结构的格局。"就像把一块石头丢在水面上，一圈圈波纹由近及远地推出去。"在"差序格局"下，每个人都以自己为中心结成网络，因亲疏、远近形成有差等的次序。以个人为中心点，同盟内外有着不同亲疏的社会关系，所遵循的法则、标准也大有不同。在这种社会结构中，"自己"和"他人"的概念比较淡薄，陌生人之间的信任程度比西方社会低，"同盟"内部的信任程度则更高（郑也夫 等，2003）。

"差序格局"的价值观强调"自我主义"，"自扫门前雪"，以小团体利益至上。"一切普遍的标准并不发生作用，关键是对象是谁，和自己的关系怎样，才能决定标准是什么。"在"差序格局"中，标准根据远近不同而伸缩变换。"公和私是相对的，同盟的内推，也可以说是公。"这个网络具有伸缩性，范围也有一定限度，体现了社会影响力的不同。"有势力的人家同盟成员比肩接踵，穷苦人家的则屈指可数。"中国以同盟内文化为核心（GudyKunst et al.，1985），波纹内的同盟体现着私人联系的紧密性，是"自家人"，波纹之外则是外人。每个人在某一时间、不同场景会动用不同的"同盟"为自己服务。"同盟"决定了提供帮助的人数、扶助意愿强弱及资源动用的多寡（Flap et al.，1986）。

社会资本的认知维度、关系维度和结构维度在"同盟"中相辅相成发挥作用。社会资本的概念最早由（Hanifan，1916）提出，研究发现社会主体间关系的关键作用会显著影响社会经济活动。社会资本具有认知维度、关系维度和结构维度。认知维度聚焦于规范、价值、态度以及基于这些意识形态对行为主体的行为定位，尤其是共享愿景带来的共同行动（Nahapiet et al.，1998）；关系维度的关键特征要素是交流中信任的累积；结构维度则关注行为主体的连接形式，主要对应于以人际网络为主的社会关系载体，紧密度是重要的特征要素（Uphoff，2000）。"同盟"内部有共同的价值观念和行为规范，一致的标准和态度可以激发成员维护共有价值的合作倾向，同时也有助于预期目标的建立（Ostrom，2000）。这种目标能够促进"同盟"的信任关系和结构的稳定性。同盟内的成员被赋予特定的角色和权利义务，并用同盟内的标准和规则来进一步作用于共同的价值认同和忠诚度，促进社会资本在认知维度的积累。而认知维度社会资本存量的提升又反作用于"同盟"载体的结构稳定性。这种交互作用提高了目标达成的概率，促进了合作水平及效率的提高，提高了机会主义行为的成本。

"同盟"体现了结合型社会资本的特征。Putnam（2000）、Adler 和 Kwon（2002）从社会资本的来源角度将其分类为结合型社会资本与桥接型社会资本。其中，结合型社会资本来源于内部成员的交互，强调内部凝聚力的作用，认为资源嵌入在强关系网络中。这种内部关系网络较为同质化，成员互动频繁，组织团结性高，信任程度高，有助于资源挖掘和共享、共同任务的理解与一致性目标的建立。Williams（2006）发现结合型社会资本具有以下基本特征：情感支持、强关系中稀缺资源的获取、组织凝聚力的增进以及排他性。结合型社会资本为知识整合提供了有利的组织条件，在隐性知识的传递中起着重要作用，有利于互利互惠规范的建立、共同认知的建立以及营造出安全舒适的心理氛围（Han et al.，2004；Reagans et al.，2003；Adler et al.，2002）。

"同盟"可善，亦可恶（冯国锋，2021）。"同盟"的积极作用主要体现在以下方面：第一，"同盟"能够降低交易成本和减轻信息不对称程度（Bubna et al.，2019）。Coase（1937）在《企业的性质》中提出了交易费用的思想，随后在《社会成本问题》中进一步细化了其内涵，认为"为了进行一项市场交易，有必要发现和谁交易，告诉人们自己愿意交易及交易的条件，要进行谈判、讨价还价、拟定契约、实施监督来保障契约的条款得以按要求履行"。Williamson（1985）认为交易的三个基本维度是交易频率、不确定性和资产的专用性。其中，交易的不确定性包括偶然事件的不确定性、信息不对称的不确定性、预测不确定性和行为不确定性。"同盟"体现了熟悉成员的内部一体化过程，能够有效降低讨价还价、信息搜寻、协商与决策、实施监督、执行费用及不适应成本等；第二，"同盟"带给人们心理上的归属感、认同感以及社会性的支持力量，同盟内成员能够找到情感的寄托和具有价值共识；第三，"同盟"重合作、重关照的氛围有利于机会、资源的获取，特别是在危难时刻，更近的关系和更深的感情涉入才能够真正得到支持。密切的同盟"纽带"带来积极的回报，有助于声望和地位的提高；第四，同盟内讲究团体规范，即统一思想、信念和行为的准则，以及互利互惠，以确保同盟目标的实现（Brewer，1979），协调一致的行动能够提高经济效率、信任度和规范程度（Putnam et al.，1993）。

与此同时，"同盟"的负面作用也十分明显。第一，"同盟"有封闭性，是一种"内推"的观念，讲究"胳膊肘不能往外拐"的同盟内道义；第二，"同盟"注重一己私利，同盟内外遵循不同标准，《论语》中"父为子隐、子为父隐，直在其中"就体现了这样的思想，特别是"同盟"权力私人化会造成不良的社会风气。如何在顺应传统文化和社会现实的基础上，实现"同盟"的动态平衡、良性治理是十分重要的课题。

资本市场中的"同盟"现象更突出，经济作用更明显。Haythornthwaite et al.（1995）发现交往的强度会直接或间接地影响社会资源的交换方式和互惠程度，强关系"同盟"使得资源能更方便快捷地进行交换。Cohen et al.（2010）、申宇等（2015）发现只有同盟成员才能真正共享资源、技术和信息。"资本同盟"可以为企业带来市场准入、融资便利、税收优惠、财政补贴、投资信息等一系列的资源（Zhang et al.，2015；Chizema et al.，2015；陈运森 等，2011），带来更显著的经济效应（Cohen et al.，2010）。"同盟"这种非正式制度在人们长期生产生活中形成并难以随时光流转而改变，尤其在新兴转型经济中对企业价值增值、资本市场运作具有非常强大的影响力。

3.2 重复博弈理论

3.2.1 重复博弈理论概述

博弈论的研究可以追溯到《博弈论与经济行为》（Neumann & Morgen，1944），理性个体之间交互时会有各自的策略选择，从而引发不同的结果。博弈论主要用来研究参与者之间相互影响的策略，以及彼此间策略选择的均衡问题（张维迎，1996）。博弈的三个基本要素是参与者（参与者可以是两个或者多个）、策略（行动）和收益（支付）。

重复博弈可以看作一类特殊的非静态博弈（肖条军，2004）。在重复博弈机制下，相同结构的单次博弈会被重复进行多次，再观察一定时间后个体的收益（Neumann et al.，1944）。在单次博弈中，参与博弈的个体为使自身收益最大化而所做的选择一般都是非合作的。但是当把相同结构的一次博弈重复进行多次时，可能会带来不一样的博弈结果。

3.2.2 重复博弈理论与风险资本同盟的形成

一些学者尝试基于重复博弈视角来刻画社会中的人际互动。Dal Bó 和 Fréchette（2011）在无限次重复博弈情形下研究了合作演变问题。Mailath（2006）深入研究了声誉机制对于重复博弈的影响。郭四代（2008）在分析声誉机制对创业投资企业长期激励作用的基础上，利用重复博弈模型对创业投资企业声誉机制的内在机理进行了研究。Li（2003）基于齐当别理论（Equate-to-Differentiate Theory）提出投资者在单一决策和重复决策时具有不同的心理机制。江程铭等（2014）研究发现，风险投资中具有短视效应。即投资者更倾向于分割成单次博弈决策，进而呈现出每次决策低风险容忍和承担的风险规避特征。

风险资本同盟基于联合投资的真实投资关系结成，代表了比一般的关系网络更紧密的人际关系。"资本同盟"的形成类似重复博弈的过程。如果只是单次或者松散的联合投资关系，参与博弈的风投机构为使自身收益最大化而做的选择很可能是非合作的。联合投资的机构对项目的责任感可能降低、滋生社会惰化现象，成员之间的协调成本增加，委托代理问题加重（Tian et al.，2017；胡刘芬 等，2017）。风险资本同盟基于多次的联合投资关系而形成。在重复博弈机制下，相似结构的单次博弈被重复进行多次，风投机构的心理机制和人际互动的关系会改变（Dal Bó et al., 2011）。"同盟"经过反复筛选、认证而形成，成员之间基于长期的合作，有更强的融洽度，同盟内部有更强的凝聚力和目标一致性，不在乎一次合作的成败，失败容忍度也随之加强，能够在一定程度上避免短视行为（Tian et al., 2014）。与熟悉的伙伴合作，很大程度上规避了投资行为存在的"搭便车"问题，提高了成员间的互惠关系和努力程度（Hopp et al., 2011）。风险资本同盟具有更强的社会影响力，代表着更高的声誉和更强的危机应对功能（Chemmanur et al., 2006）。

3.3 信息不对称理论

3.3.1 信息不对称理论概述

Akerlof（1970）提出的"二手车市场"模型开创了信息不对称理论的先河。简而言之，信息不对称体现了"买者不如卖者精"的思想，交易中卖方和买方了解的信息存在差异。信息掌握更充分的卖方在交易中处于有利地位，而信息贫乏的买方则处于不利地位。该理论揭示出信息的价值和信息失灵的经济后果，之后被广泛应用于劳动力市场、保险市场和资本市场等各个领域的研究中。由信息不对称导致的各种问题和风险，在发展中国家向市场经济的转型中尤为突出和严重。

博尔顿和德瓦特里庞（2014）认为解决缔约过程中的不对称信息问题是合同理论的主要工作。按照信息种类的不同，合同理论所研究的不对称信息问题可以分为隐藏信息（逆向选择）和隐藏行动（道德风险）。逆向选择问题由Mirrlees（1971）最先进行正式分析，是指交易前的信息不对称会导致市场交易价格下降，出现"劣币驱逐良币"，市场效率降低。道德风险则是指委托代理发生后，由于委托人无法无时无刻对代理人的全部行为进行监督，代理人为了自身效用的增进而采取有损委托人利益的行动（Arrow, 1963）。道德风险问题多体现为"搭便车"和机会主义行为，也可能由多边隐藏行动引发团队中的道德风险（Alchian et al., 1972），是一种因交易后发生的信息不对称而导致的市场失灵现象。根据提出合同的一方有无信息，逆向选择和道德风险问题可以通过信息甄别和信号发送进行一定程度的缓解。

3.3.2 信息不对称与风险资本的价值增值效应

风险投资是一个高风险、高收益的行业，从信息不对称中寻找获利机会。

现有文献广泛地将信息不对称理论运用到分析风险资本投资及联合投资中。风险投资机构被众多学者证明具有对企业的控制能力和信息优势（Lerner，1995；Baker et al.，2003）。

第一，风险资本在投资前会进行详细的尽职调查，利用专业知识对企业进行严格的筛选和精确的判断，从而更好地解决投资者和创业者之间的信息不对称问题（Fried et al.，1994；MacMillan et al.，1985；Kaplan et al.，2000）。Bollazzi et al.（2019）揭示了信息不对称如何影响意大利资本市场的风险投资交易选择过程，强调当消息灵通的公司可以向消息不灵通的风险投资发出质量信号时，风险投资和新企业之间的投资决策相匹配的重要性。

第二，风险资本在投资后积极参与监督管理，运用契约设置和一些特殊工具，如分期投资、联合投资、广泛的关系网络的使用（Barry et al.，1990；Hochberg et al.，2007），在一定程度上进一步缓解了信息不对称和代理问题，降低了融资约束，为企业融资带来了便利（Sahlman，1990；Gompers et al.，1999）。Casamatta 和 Haritchabalet（2007）认为在风险资本联合投资的过程中有强强联合的现象，有经验的风投机构能够更准确地发送信号以缓解信息不对称。Cestone et al.（2007）基于双边的信息不对称模型指出，"辛迪加"联盟的经验水平取决于领导者经验。Megginson 和 Weiss（1991）用行业以及发行规模进行匹配，发现了风险资本的"认证"功能，有风险投资支持的 IPO 抑价率显著低于无风投机构支持的公司，风险投资能够对公司的真实价值进行认证，降低了信息不对称。Chemmanur et al.（2012）研究发现，联合投资有助于长短期公司市场价值的提升，这源于风险资本"辛迪加"可以向市场传递利好消息，对企业发展前景有良好预期。Bayar et al.（2019）基于信息经济学开发了一种理论模型，为风险资本"辛迪加"的形成提供了新的理论依据，他们认为风投联合投资能够显著减少道德风险问题。

与此同时，也有一些学者持有不同观点。他们发现，联合投资的机构比起单独投资不会如此尽心尽责，联合投资机构之间的协调成本会增加，委托代理问题会加重。除此之外，联合投资成员会瓜分投资项目收益，也可能引发道德风险问题。联合投资是一种以社会交换为目标的行为，这些都会对企业的价值提升造成负面影响（Wright et al.；2003；Gompers et al.，2016；Tian et al.，2017；胡刘芬 等，2017）。

4 风险资本同盟与风投机构价值增值

4.1 引言

在过去 20 年，中国风险资本从零起步发展成为全球第二大风投市场，支持和见证了无数企业的成长。清科私募通（PEdata）数据显示，在 2009—2019 年，在中国大陆上市的公司至少有 39% 获得了风险资本的支持。阿里巴巴、百度、腾讯等中国企业界的翘楚也是借助风险资本取得了令人瞩目的成绩。风险投资同时加速着传统行业与新兴行业的融合，新能源、材料、生物制药等行业正是因为获得了风险投资的支持才重新焕发活力。风险资本助力企业发展、成为经济发展的加速剂已成为不争的事实。

风险资本的价值增值效应一直是学术界研究的焦点，各界都在积极找寻通过风投机构整合资源助力企业发展的方法。现有大量文献基于风投机构联合投资行为及其形成的关系网络对企业价值增值效应进行了研究，大部分肯定了联合投资相较单独投资的正面促进作用，也有不少学者持否定观点（Bruton et al.，2003；Hochberg et al.，2007；Du，2016；Gompers et al. 2016；Bayar et al.，2019；蔡宁 等，2015；胡刘芬 等，2017）。然而，中国社会的文化根基素来是以"差序格局"为典型特征（费孝通，1948）。风险资本处于高度不确定性的产业环境中，长期多次的联合投资自然容易形成利益同盟体。既有研究将"关系"等同于"同盟"，混淆了"同盟"与"关系"的概念，并不能准确反映中国社会的"关系"内涵以及社会结构特征。那么，中国风投机构间关系的结构特征究竟是什么呢？这个议题仍困扰着我们。实际上，"关系"只是表面，真正发挥作用的是"同盟"。

目前，鲜有学者从风投机构同盟化的角度研究"资本同盟"对风投机构自身的价值增值效应。本章试图回答以下三个问题：第一，中国风投市场是否存在同盟化现象，"资本同盟"化表现出怎样的特征？第二，同盟内、圈外的风投机构是否存在"差序格局"，"同盟"对风投机构自身价值增值是否有正面抑或负面的经济效应？第三，"资本同盟"通过何种渠道影响风险投资的资产管理？

众所周知，风投市场是一个高投入、高风险、高回报的行业。风险资本助力企业发展具有极大的不确定性，联合投资往往成为风投机构控制风险的有效方式之一。例如，在1980—2005年美国风投市场中，联合投资占比超过70%（Chemmanur et al.，2012）。中国市场中的风险投资机构也大量采用了这一投资方式，且呈现逐年递增的趋势（刘伟 等，2013）。联合投资一方面可以降低双方的信息不对称，另一方面可以优势互补，成为利益共同体和一致行动人。在长期合作过程中，风投机构通过反复筛选、认证而形成稳固忠诚的"同盟"格局。

从理论上分析，"同盟"对风投机构至关重要，直接或间接影响风投资本运作的"募、投、管、退"四个关键环节；从实务层面来看，投资能力、投资成果和退出回报几个维度经常被作为风投机构竞争力和综合表现评估体系的核心要素来考察和评估风险投资机构。从实证分析来看，投资金额、投资项目数量、成功IPO的数量和IPO成功率可以作为度量风投机构投资能力和绩效的重要指标（Hochberg et al.，2007；Chemmanur et al.，2012；李严 等，2012；黄娅娜，2018）。因此，本章选取清科私募通（PEdata）2009—2019年中国风险投资数据，根据风险投资机构联合投资的历史信息，构建风险资本同盟指标，研究风险资本同盟化对风投机构投资效率和投资绩效的影响，探究"同盟"对风投机构的价值增值效应。

本章的研究可能具有如下学术贡献：

第一，本章为如何量化风险资本同盟关系提供了启发，拓展了关系网络的研究。学术界往往基于个人之间的关系连接，如校友、老乡、同事关系等形成的关系网络研究资本的力量（Cohen et al.，2010；陆瑶 等，2016），这些社会关系源于个人，并不能确定形成经济利益共同体，极有可能陷入"有关系，无同盟"的假象之中。本章基于联合投资数据识别风险资本同盟，以联合投资关系为纽带联系资本，研究了"同盟"对风投机构自身价值增值的影响，是对关系网络研究的拓展，完善了文化与金融研究的路径，也揭示了中国风险投资市场中资本联结的现实。

第二，目前已有较多研究聚焦于风险资本联合投资对企业价值增值的影响（Lehmann，2006；Das et al.，2011；Chemmanur et al.，2012；Hochberg et al.，

2007）。虽然得到的结论正负均有，尚未达成一致意见，但大多数研究止步于联合投资与单独投资的比较，且采用的方法基本是构建关系网络指标进行分析，并未进一步考察偶尔的松散合作与多次紧密合作的差异，也鲜有文献结合中国"差序格局"的传统文化根基进行深入挖掘。本章在风险资本联合投资的研究基础上更进一步，探讨了基于多次紧密合作关系形成的风险资本同盟发挥的价值增值效应，对该领域文献具有较大的补充。

第三，大量文献都聚焦于风险资本如何影响被投企业（Gompers et al.，1999；Kaplan et al.，2000；Chemmanur et al.，2012），在融资、生产效率、市场价值等方面取得了丰硕的研究成果（Davila et al.，2005；Hochberg et al.，2007；谈毅 等，2009；赵静梅 等，2015）。本章以一个全新的视角研究了中国的风险投资机构，考察了风险资本同盟如何影响风投机构自身的投资效率和绩效，拓展了风险投资研究的框架。

第四，国外学者普遍从风险资本家的个人信息研究联合投资的同伴特征（Hochberg et al.，2015；Gompers et al.，2016；Du，2016）。然而，由于中国市场数据可得性的难题，研究联合投资行为偏好的文献十分匮乏。本章根据联合投资的数据，以中国传统人际关系文化为切入点，研究了"资本同盟"中风投机构的同伴特征，不仅丰富了相关研究的文献，也为后续的研究提供了新的思路和研究方向。

第五，中国学术界在风险投资领域的研究相对匮乏，一方面因为中国风投数据较少，尚未引起学者的关注，另一方面风险投资属于私募基金，投资、管理等信息仅限于内部交流。本章立足于风投真实交易记录，剖析了风投机构的内生增长逻辑，为中国风投行业的良性发展提供了新的证据，无论在学术层面还是监管层面都有较高的理论和现实意义。

本章余下的内容安排如下：第二部分在进行理论分析的基础上提出研究假设，第三部分介绍研究设计，第四至六部分为实证结果分析、内生性分析和稳健性检验，第七部分为本章小结。

4.2　理论分析与研究假设

风险投资是一个高风险、高收益的行业，从信息不对称中寻找获利机会，为了降低投资风险，风投机构选择伙伴采用参股方式进行投资。因此，联合投资为风险资本同盟的形成提供了土壤。在风险资本联合投资的相关研究中，联合投资对企业价值增值的影响一直是研究的焦点。大量已有文献采用传统的社会学网络分析方法，构建了网络中心度、中介位置等指标进行分析（Hochberg et al.，2007；Hochberg et al.，2010）。联合投资是否具有价值增值效应，目前尚未达成一致意见，甚至存在正反相悖的结论。一些学者持支持观点，发现联合投资的企业成长率更高，企业成功退出的可能性更大，退出的时间跨度越短，联合投资的退出收益比独立投资更高，能够显著促进市场价值增值（Brander et al.，2002；Lehmann，2006；Hochberg et al.，2007；Das et al.，2011；Chemmanur et al.，2012）。另一些学者则认为联合投资对企业价值的提升并不乐观，部分研究发现没有明显作用，有些研究甚至发现显著的负面影响（Gompers et al.，2016；Tian et al.，2017；胡刘芬 等，2017）。

风投机构的"抱团"现象逐渐得到学者们的关注（Clauset，2005；党兴华 等，2016）。周育红和宋光辉（2014）发现从 2004 年开始，中国风投机构联合投资的"派系"越来越多，大家越来越喜欢"抱团"，紧密合作的团体数量剧增。还有学者运用 Girvan-Newman 非重叠社群算法，基于田野访谈资料和历史文本资料的社会学方法等进行了这个领域的研究探索（罗家德 等，2014；金永红 等，2016；罗吉 等，2017）。

国外的研究普遍发现风投同盟是"强强联合"的产物。例如，Lerner（1994）发现，风投机构倾向于与实力相当的机构进行联合投资，特别是在早期融资阶段，这种现象更加明显。Cestone et al.（2007）、Casamatta 和 Haritchabalet（2007）发现有经验的风投更愿意与有经验的风投联盟。Sorenson 和 Stuart（2008）认为有资本的风投与有经验的风投更易形成"同盟"。罗家德 等（2014）却发现中国风投市场中的"同盟"存在明显的"强弱联合"特征，表现出"大哥带小弟"的现象。风投同盟内部、外部行使的规则不同。

"资本同盟"刻画了比一般的关系网络更紧密的人际关系，可以为企业带来市场准入、融资便利、税收优惠、财政补贴、投资信息等一系列的资源（Zhang et al.，2015；Chizema et al.，2015；陈运森 等，2011）。此外，"同盟"能够加速信息的流动，推动私有信息在同盟内共享（Haythornthwaite et al.，1995）。"资本同盟"的声誉机制越强，搜寻成本和交易成本越低，越能提高创新公司的"前景价值"，降低企业融资和投资过程中的信息不对称，从而影响创新投入和创新效率（Li et al.，2012；George et al.，2017）。优质的风险投资机构牵头组建命运共同体，可以减轻对中小企业的创新攫取（温军 等，2018）。但无疑"资本同盟"也可能阻碍资源流动，较为同质化的思想可能导致生产效率的降低（申宇 等，2015），一旦"资本同盟"权力私人化，裙带关系、拉帮结派甚至可能产生严重的负面影响。

　　既有研究大多仅从联合投资的视角研究风投机构与被投企业的关系，而基于多次联合投资关系形成的"资本同盟"对风投机构的价值增值效应，以及"同盟"形成过程中风投机构如何选择投资伙伴，尚未得到学术界足够的重视。中国风险资本同盟的研究，基于真实交易数据的实证分析还十分匮乏，这是本章研究的逻辑起点，本章试图从这一视角完善该领域的文献。

　　本章根据风投机构的联合投资历史信息，将风险资本市场中在一定时期内，多次共同投资同一个项目的风投机构，定义为风险资本同盟。风险资本处于高度不确定性的产业环境中，多次长期的合作关系显得尤其重要，有助于抵御不确定性及纠纷的解决（罗家德 等，2014）。与偶尔松散的联合投资相比，多次重复博弈会带来心理机制和人际关系互动上的改变（Li，2003；Mailath，2006）。风险资本同盟的形成经过多次筛选、认证，形成更为忠诚、稳固的格局。从理论上分析，风险资本同盟可能具有以下功能：

　　一是资源配置功能。经济转型时期，当市场制度缺失造成资源错配，良好的社会关系可保证资源的合理配置（黄玖立 等，2013）。"同盟"体现了熟悉成员的内部一体化过程，能够有效降低讨价还价、信息搜寻、协商与决策、实施监督、执行费用及不适应成本等。"同盟"的纽带能有效促进与有限合伙人、政府的沟通，带来财政补贴、税收优惠、投资信息等一系列资源，在融资和投资方面搭建桥梁（Zhang et al.，2015；Chizema et al.，2015；陈运森 等，2011）。

　　二是信息溢出功能。"同盟"才能实现资源、技术和信息共享（Cohen et al.，2010）。Rogers 和 Bhowmik（1970）发现，相似性特征会增加个体之间的信任度、同理心和吸引力，提高沟通的有效性，降低信息不对称。"同盟"成员若具有较多的相似性特征，可以降低交易成本，加强信息传导的效率。Bayar et al.（2019）同一个联合投资组合在不同轮次进行多次投资合作，能够减少道德风险问题，从而带来更好的退出表现。

　　第三是"资本同盟"的社会影响功能。"同盟"凭借社会影响，更大程度减缓所投企业与外部投资者的信息不对称，引起二级市场高资质投资者的关注，帮助风投机构成功退出，从而提升风投机构的声誉，实现良性循环（Gompers，1996；Chemmanur et al.，2006）。

　　第四是"同盟"的危机应对功能。联合投资最重要的动机是风险分担，其次是资源基础和交易流动机（Lockett et al.，2001）。"同盟"成员通过多次稳定的长期合作，具有更强的信任基础，能够实现资源共享，风险共担。"同盟"重合作、重关照的氛围有利于机会、资源的获取,特别是在危难时刻,更近的关系和更深的感情涉入才能够真正得到支持。在经济、政策的不确定性加剧、风投机构集体面对各种危机时,"同盟"伙伴能够及时伸出援手,提供资金、资源、渠道等各方面的帮助,雪中送炭以纾友难。

第五是"同盟"的目标一致性和长期利益视角。风投机构的投资受限于与有限合伙人之间的契约期限,需要在规定时间内向合伙人分配收益,往往可能导致与被投企业存在目标冲突,追求短期商业价值的实现(Jeng et al.,2000)。而"同盟"的形成基于相互信任长期的投资关系,同盟内部有更强的凝聚力和目标一致性,不在乎一次合作的成败,有更强的失败容忍度,能够在一定程度上避免短视行为,更加注重长期经济效益的提升。Tian 和 Wang(2014)发现失败容忍度越高的风险投资,被投企业在上市以后创新水平就越高。温军和冯根福(2018)指出应由优质的风险投资机构牵头组建联合投资集团进行中小企业投资,形成命运共同体,弱化对企业的创新攫取。

基于以上分析,本章提出如下假设:

假设4-1A:在其他因素都相同的条件下,风险资本同盟能够显著提升风投机构的投资效率和投资绩效,促进自身价值增值。

但风险资本同盟也可能存在一些负面影响。

一是"同盟"存在一定的排他性和封闭性。"同盟"是一种"内推"的观念,讲究"胳膊肘不能往外拐"的同盟内道义。尽管长期合作可以推动决策规范和提高学习效率,却也容易造成同质化的思想(Group Thinking),阻碍新方法的获取(Bubna et al.,2019)。"同盟"的内卷化阻碍了外部信息的流动,反而会损害内部的投资效率和管理绩效(申宇 等,2017)。

二是不排除"同盟"可能导致代理成本的提高。国外的研究普遍发现风投同盟是"强强联合"的产物,然而,罗家德等(2014)通过田野访谈资料,发现中国的风险资本同盟呈现"大哥带小弟"的特征。Rogers 和 Bhowmik(1970)发现了异质性特征则会造成双方的认知障碍,导致信息失真。若风投机构与具有较多异质性特征的投资伙伴形成"同盟",可能会降低交流、决策效率。"同盟"成员若存在各方面的差距过大,比如投资经验、投资资源、声誉等不均衡,会导致同盟内地位悬殊,从而可能出现"大哥"欺负"小弟"的现象,损害机构价值。

三是"同盟"可能带来道德风险问题。"同盟"注重一己私利,同盟内外遵循不同标准,特别是"同盟"权力私人化会造成不良的社会风气。Liu 和 Tian(2017)发现辛迪加联合投资可能引发投资者之间在价值增值方面的道德风险问题。"同盟"的势力可能导致风投机构和被投企业之间的目标冲突和非资金服务方面的供需不协调问题更加突出（苟燕楠 等，2014），影响机构的市场地位，损害机构价值。基于以上分析，本章提出如下对立假设：

假设 4-1B：在其他因素都相同的条件下，风险资本同盟会降低风投机构投资效率和投资绩效，损害机构自身价值。

4.3　研究设计

4.3.1　数据说明

本章选取了中国风险投资机构 2009—2019 年的数据进行研究，数据来自清科私募通数据库（PEdata）中的"机构""投资事件"与"退出事件"三个子库。参考吴超鹏等（2012），国内对风险投资（Venture Capital）与私募股权投资（Private Equity）并未加以明显区分，本章选取清科私募通数据库"机构"子库中机构类型为 PE、VC 的风险投资机构进行研究。

为保证数据质量，本章不仅对三个子库中的风投机构名称、所投公司名称进行了逐一比对和统一，还将所采用的风险投资机构的数据与上市公司招股说明书的数据进行了比对和增补。为进行数据匹配和有效识别"风险资本同盟"，对所有风投机构、投资事件和退出事件进行了所属投资集团的识别。比如在"投资事件"子库中，将"九鼎投资""上海九鼎基金""夏启九鼎"等745 个投资观测值都逐一手工识别为"九鼎投资集团"。文中所有连续变量均采用1%和99%水平的缩尾（winsorize）处理，以消除极端值的影响。在剔除数据缺失的样本后，本章共获得 1 413 个风险投资机构数据作为研究样本，对共计120 434个观测值进行风险资本同盟指标的构建。

4.3.2　变量定义与描述性统计

4.3.2.1　变量定义

（1）风险资本同盟

本章定义一定时期内，在风险资本市场中多次共同投资同一个项目的风投机构为风险资本同盟。参考 Hochberg et al.（2015），本章采用以下方法构建风险资本同盟指标：

第一步，本章根据过去三年的联合投资信息，识别出与风险投资机构 A 共同投资 3 次及以上的伙伴机构 B、C、D 等，以此识别 A-B、A-C、A-D 等分别是 A 的"同盟"。

第二步，计算以机构 A 为中心的"同盟" A–B、A–C、A–D 的个数，以此衡量机构 A 的"同盟"广度。同时，分别加总 A 的"同盟"合作次数除以"同盟"数量、加总 A 的"同盟"合作投资金额除以"同盟"数量，以衡量 A 与同盟内伙伴平均合作的深度。再计算 A 的同盟内伙伴 B、C、D 等的投资数量、投资金额、IPO 数量之和，以此衡量机构 A 的"同盟"能量。"同盟"越多，合作越深入，"同盟"能量越大，风投机构具有更强的资源配置功能、更优渥的信息资源、便捷的信息传输能力和更举足轻重的社会影响力。

第三步，采用滚动时间窗口的方法，每一年进行重新识别，例如，"2009—2011 年"作为一个时间窗口，"2010—2012 年"作为另一个时间窗口，以此类推得到动态调整的风险资本同盟指标。

第四步，计算相邻两个窗口期"同盟"数量的变化，定义"同盟"数量变化大于等于 3 或 4 为"同盟"的"阶跃"，得到"同盟"的动态指标。

为了更加精准地度量风险资本同盟，本章构建了四类变量来刻画。一是是否有"同盟"的虚拟变量（QzDum），如果有"同盟"的风投等于 1，否则为 0；二是"同盟"数量（QzNum），用来衡量风投机构同盟的广度；三是同盟内风投机构平均投资次数（An），等于风投机构 A 的"同盟"合作投资总次数除以 A 的"同盟"数量；以及同盟内风投机构平均投资金额（Am），等于风投机构 A 的"同盟"合作投资资金总量除以 A 的"同盟"数量，以此衡量"同盟"合作的深度；四是"同盟"数量在相邻两年的变化（Dqz）和同盟"阶跃"的虚拟变量（Dbqz1，Dbqz2），用来观测"同盟"的动态变化。"阶跃"源于物理学上的概念，在现实中常用来形容阶层、状态的跳变。

（2）风投机构价值

风险投资机构的目的是通过为企业提供资本和非资本服务帮助企业成长，最终通过成功退出获取投资回报。企业价值的概念是动态变化的，影响其价值增值的因素也数不胜数，主要取决于研究的背景和视角。借鉴肖淑芳和罗丹（2007），风险投资机构具有区别于传统企业的高风险、高成长性，其价值是现有的经营价值和潜在高增长机会所带来的价值之和。

参考（Hochberg et al.，2007；Chemmanur et al.，2012；李严 等，2012；黄娅娜，2018），本章以风险投资机构在样本区间内所投企业数量（InvNum）、投资金额（InvAmout）、所投企业在 A 股 IPO 的数量（IpoNum）及 IPO 的成功率（IpoScu）作为被解释变量衡量风投机构自身价值。风投机构所投企业在 A 股 IPO 的数量及 IPO 的成功率是其价值的直接体现，而所投企业数量（Inv-

Num）、投资金额（InvAmout）是未来潜在高增长价值增值的基础。在众多退出方式中，IPO 被公认为风险投资成功退出的象征（Hochberg，et al.，2007；Kaplan et al.，2002），不仅能为风投机构带来高额收益，还能迅速在业界建立高声誉和社会影响（Gompers，1996）。

（3）风投机构特征

参考付辉（2015）、Hochberg et al.（2015），本章构建了三类指标来度量风险资本同盟的特征。一类是投资资源、IPO 运作能力差异性指标，包括风投机构投资数量差异（DifInv）、投资金额差异（Difamt）、IPO 数量差异（DifIpo）。其中，风投机构投资数量差异与风投机构投资金额差异衡量了风投机构投资资源的差异（Hochberg et al.，2015）。本书样本 IPO 企业采用核准制，有审批、过会等烦琐流程，并且风投机构面临 IPO 暂停等一系列政策风险因素，成功上市无疑体现了风投机构在投行、律所、会计师事务所、证监会等各方面的资源获取与运作能力。因此，IPO 数量的差异体现了风投机构 IPO 实力的差距。第二类指标是衡量风投机构的投资风格，参考李严等（2012），构造风投机构投资阶段重合度（OlapSta）、风投机构投资区域重合度（OlapDis）与风投机构投资行业重合度（OlapInd）。第三类则用来描述风投机构自身特征的指标，包括机构是否在同一城市的哑变量（Samecity）；风投机构是否属于同一类型的哑变量（Sametype），在清科私募通数据库中，风投机构分为本土、外资和混合三类；机构存续时间差异（Difage）被用来衡量风投机构投资经验的差异（Hochberg et al.，2015）。

（4）控制变量

参考 Du（2016）、李严等（2012）、付辉（2015），本章采用风投机构的存续时间（VcAge）、风投机构所投企业的行业集中度（InvIndcen）、风投机构所投企业的地区集中度（Invdiscen）、风投机构所投企业的阶段集中度（InvStacen）、风投机构是否投资于高科技行业（Htc）作为控制变量。考虑到关系网络的重要性，本章参考申宇等（2015）以亲疏中心度指标（Network）控制风投机构的关系网络特征。

主要变量定义如表 4.1 所示。

表 4.1 主要变量定义表

变量名称	变量符号	变量定义	计算方法
风险资本同盟	QzDum	风投机构是否有同盟的哑变量	如果有，则等于 1，否则为 0
	QzNum	风投机构同盟数量对数化处理	
	Dqz	风投机构同盟数量的变化	$QzNum_t - QzNum_{t-1}$
	Dbqz1	同盟数量变化是否大于等于 3 的哑变量	$\|QzNum_t - QzNum_{t-1}\| \geq 3$
	Dbqz2	同盟数量变化是否大于等于 4 的哑变量	$\|QzNum_t - QzNum_{t-1}\| \geq 4$
	An	同盟内风投机构平均合作投资次数对数化处理	$\sum_{i=1}^{n} VCQz_i InvNum_i / \sum_{i=1}^{n} QzNum_i$
	Am	同盟内风投机构平均合作投资金额对数化处理	$\sum_{i=1}^{n} VCQz_i InvAmout / \sum_{i=1}^{n} QzNum_i$
因变量	InvNum	风投机构投资企业数量对数化处理	
	InvAmout	风投机构投资金额对数化处理	
	IpoNum	风投机构所投企业 IPO 的数量对数化处理	
	IpoScu	风投机构所投企业 IPO 的成功率	

变量名称	变量符号	变量定义	计算方法
风投机构相关特征	DifInv	风投机构投资数量差异	$1 - \dfrac{\left|VC_a InvNum - VC_b InvNum\right|}{\max\left(VC_a InvNum,\ VC_b InvNum\right)}$
	Difamt	风投机构投资金额差异	$1 - \dfrac{\left|VC_a Invamt - VC_b Invamt\right|}{\max\left(VC_a Invamt,\ VC_b Invamt\right)}$
	DifIpo	风投机构 IPO 数量差异	$\left|IpoNum_a - IpoNum_b\right|$
	OlapSta	风投机构投资阶段重合度	$\min\left(\sum VC_a Sta_i^2,\ \sum VC_b Sta_i^2\right)$
	OlapDis	风投机构投资区域重合度	$\min\left(\sum VC_a Dis_i^2,\ \sum VC_b Dis_i^2\right)$
	OlapInd	风投机构投资行业重合度	$\min\left(\sum VC_a Ind_i^2,\ \sum VC_b Ind_i^2\right)$
	Samecity	风投机构是否在同一城市的哑变量	如果是同城，则等于1，否则为0
	Sametype	风投机构是否是同一类型，类型包括本土、外资和混合	如果是本土，则等于1，否则为0
	Difage	风投机构存续年限差异	$\left|VcAge_a - VcAge_b\right|$

变量名称	变量符号	变量定义	计算方法
	Htc	风投机构是否投资于高科技行业	如果是，则等于1，否则为0
控制变量	VcAge	风投机构存续年限对数化处理	
	InvIndcen	风投机构投资企业行业集中度	采用HHI指标计算方法
	Invdiscen	风投机构投资企业地域集中度	采用HHI指标计算方法
	InvStacen	风投机构投资企业阶段集中度	采用HHI指标计算方法
	Network	风投机构关系网络的亲疏中心度	$\left(\sum_{j=1}^{k} \mathrm{VC}(i, j)\right)^{-1}$
工具变量	BC	各省、直辖市的异地商会数量对数化处理	
	Trust	中国城市商业信用环境指数对数化处理	

4.3.2.2 描述性统计

表 4.2 的 Panel A 描述了风险资本同盟的四类检验变量。平均来看，在风险资本联合投资的样本中，48.1% 的风险投资机构有"同盟"，说明风险资本同盟化现象明显。风投机构"同盟"数量对数化处理的平均值为 0.699，有些机构并没有稳定的合作伙伴。在滚动窗口期，风投机构"同盟"每年平均增加 1.324 个，13.3% 的"同盟"存在"阶跃"现象。以某个风投机构为中心，每年与稳定的合作伙伴投资次数对数化处理平均值为 1.251，投资金额对数化处理的平均值为 3.116。Panel B 描述了风投机构的特征差异。其中，每年投资数量差异的平均值为 0.138，投资金额差异的平均值为 0.954，IPO 数量差异的平均值为 2.782。所投企业的行业集中度、地域集中度、阶段集中度分别为13.8%、55.2% 和 32.3%。有 20% 的风投机构总部在同一地区，风投机构平均存续时间差异为 9.94 年，76% 的机构类型为本土。Panel C 是关于控制变量的描述统计。风投机构存续年限对数化处理的平均值为 2.036，所投企业的行业集中度为 31.2%，地域集中度为 43.2%、阶段集中度为 57.8%。平均 57.6% 的风投机构投资于高科技行业，风投机构的平均亲疏中心度为 0.097。

表 4.2　描述性统计

Panel A：风险资本同盟的描述性统计					
变量	平均值	最小值	最大值	标准差	样本量/个
QzDum	0.481	0.000	1.000	0.499	120 434
QzNum	0.699	0.000	3.583	0.874	120 434
Dqz	1.324	−2.000	29.000	4.174	120 434
Dbqz	0.133	0.000	1.000	0.339	120 434
An	1.251	0.000	4.663	1.387	120 434
Am	3.116	0.000	10.907	3.387	120 434
Panel B：风投机构特征描述性统计					
变量	平均值	最小值	最大值	标准差	样本量/个
DifInv	0.138	0.000	1.000	0.158	120 434
Difamt	0.954	0.000	1.000	0.111	120 434
DifIpo	2.782	0.000	74.000	7.113	120 434
OlapSta	0.323	0.000	1.000	0.234	120 434
OlapDis	0.552	0.000	1.000	0.266	120 434
OlapInd	0.138	0.000	1.000	0.158	120 434

表4.2(续)

Samecity	0.200	0.000	1.000	0.399	120 434
Sametype	0.760	0.000	1.000	0.428	120 434
Difage	9.940	0.000	15.000	10.278	120 434

Panel C：控制变量描述性统计					
变量	平均值	最小值	最大值	标准差	样本量/个
Htc	0.576	0.000	1.000	0.494	120 434
Network	0.097	0.001	0.141	0.029	120 434
InVcAge	2.036	0.693	3.332	0.742	120 434
InvIndcen	0.312	0.022	1.000	0.241	120 434
Invdiscen	0.432	0.064	1.000	0.247	120 434
InvStacen	0.578	0.208	1.000	0.202	120 434

4.3.3　模型设定

为了打开风险资本同盟的"黑箱"，更好地理解影响风险资本同盟的特征，我们参考（付辉，2015；Du，2016）用模型（4-1）进行实证检验，考察风投机构的投资资源、IPO实力及投资风格、个体特征对风险资本同盟构成的影响。模型（4-1）中的变量定义见表4.1。

$$QzDum_{i,t} = \beta_0 + \beta_1 DifInv_{i,t} + \beta_2 Difamt_{i,t} + \beta_3 \log(1 + DifIpo_{i,t}) +$$
$$\beta_4 OlapSta_{i,t} + \beta_5 OlapDis_{i,t} + \beta_6 OlapInd_{i,t} + \beta_7 Samecity_{i,t} +$$
$$\beta_8 Sametype_{i,t} + \beta_9 Difage_{i,t} + Type_i + Year_t + District_i + \varepsilon_{i,t} \quad (4-1)$$

然后，再用模型（4-2）检验风险资本同盟对风投机构价值增值的影响。

$$Y_{i,t+1} = \beta_0 + \beta_1 X_{i,t} + \beta_2 Control_{i,t} + Type_i + Year_t + District_i + \varepsilon_{i,t}$$
$$(4-2)$$

其中，被解释变量 $Y_{i,t+1}$ 表示风投机构自身价值，分别用风投机构投资企业数量对数化处理（InvNum）、投资金额对数化处理（InvAmout）、所投企业在A股IPO的数量对数化处理（IpoNum）及IPO成功率（IpoScu）作为代理变量。我们关注的解释变量 $X_{i,t}$ 用来表示风险资本同盟指标。为了更加全面地分析"同盟"对风投机构自身的增值效应，模型（4-2）中分别用四类变量来作为 $X_{i,t}$ 的代理变量。分别是是否有"同盟"的哑变量（QzDum）；"同盟"的广度，即"同盟"数量对数化处理（QzNum）；"同盟"的深度，即同盟内风投机构平均合作投资次数对数化处理（An）与同盟内风投机构平均合作投资金额对数化处理（Am）；"同盟"数量在相邻两年的变化（Dqz）和同盟"阶跃"（Dbqz1，Dbqz2）。控制变量的定义见表4.1。在模型（4-1）和模型（4-2）的估计中，对年度、机构类型、地区固定效应进行了控制。在本章所有的回归估计中，都对标准误进行了异方差调整，得到稳健性的t值。

4.4 实证结果分析

4.4.1 风险资本同盟的构成

表4.3报告了风险资本同盟构成影响因素的回归结果。其中，列（1）为风投机构投资资源和IPO运作能力对"同盟"构成的影响，列（2）是投资风格对"同盟"形成的影响，列（3）是风投机构特征变量对"同盟"的影响，列（4）是全变量回归结果。

从列（1）中可以看出，两个机构投资数量差异（DifInv）、投资金额差异（Difamt）系数为负，且在1%的水平上显著，说明机构投资资源越相近，在市场中的投资数量和投资金额相似度越高，越能够形成"同盟"。同时，两个机构IPO运作能力差异（DifIpo）变量在统计上显著为正，说明风险资本同盟非常看重IPO的数量，IPO运作能力差异越大，越容易联盟，表现出"大哥"带"小弟"的现状（罗家德 等，2014）。这也和（Hochberg et al.，2015）的结论类似，他们发现风投机构联盟的过程中，起主导作用的动机是向拥有更高阶资源的阶层攀附。列（1）表明风险资本同盟倾向于寻找投资资源相似、但IPO运作能力有差距的伙伴共同投资，一方面可以降低交易成本，减轻信息不对称的情况，另一方面又可以攀附"大哥"，助力机构的快速发展。

列（2）结果中机构投资风格的影响结果显示，投资阶段的重合度（OlapSta）变量在1%的水平上显著为正，说明风投机构在投资阶段（种子期、初创期、发展期、成熟期）的偏好重合度越高，越容易形成"同盟"。同时，投资地区重合度（OlapDis）变量在统计上也显著为正，表明机构之间地域偏好越一致，形成"同盟"的概率越高。此外，投资行业重合度（OlapInd）系数在统计上显著为正，行业重合度越高，一方面说明机构的行业投资方向一致，另一方面也隐含着机构之间交流、分享信息的机会更多，更容易形成"同盟"。最后，是否投资高科技行业（Htc）变量在统计上显著为正，说明涉足高科技行业的投资风格形成"同盟"的概率更高，这可能与高科技行业面临的高失败率有关（Dimov et al.，2007），需要有更多的具有相同特质的机构分担风险。

列（2）的结果证实，投资风格一致的风投机构更容易成为"资本同盟"，成为紧密的投资联盟，与（Du，2016）的结果一致。

列（3）中风投机构的特征结果显示，风投机构是否在同一城市（Samecity）的系数为2.9%，在1%的水平上显著为正，说明本地的风投机构形成"同盟"的可能性比外地更高，表现出同城效应。同城的合作可以减轻信息不对称和代理问题，减小交易成本，"资本同盟"更稳定，与（Cumming et al.，2010）的结果一致。机构特征（Sametype）变量在统计上显著为负，说明外资风投更容易与本土结合，形成共同投资联盟。与（Liu 等，2016；罗家德 等，2014；张曦如 等，2017）一致，外资风投机构拥有先进的管理和技术，与本土机构合作以克服水土不服，寻求政府支持和提升后期的融资能力。此外，风投成立时间差异越大，成为"同盟"的可能性越高，这表示"同盟"呈现出投资经验方面优势互补的特征。这可能是出于学习效应（Du，2016），或者为了抵御不确定性，通过与经验丰富的运营机构建立良好关系化解风险（罗家德 等，2014）。这进一步证实了"资本同盟"的形成具有梯队结构，不同经验的风投机构紧密合作表现出"强弱联盟"特征（Hochberg et al.，2010）。

列（4）中的结果与前面三列的符号、显著性程度均一致，进一步验证了风险资本同盟的形成同时兼具"物以类聚"与"优势互补"的特征。风险资本同盟构成的影响因素如表4.3所示。

表4.3　风险资本同盟构成的影响因素

模型	$QzDum$			
	（1）	（2）	（3）	（4）
DifInv	−0.187 ***			−0.192 ***
	（−25.869）			（−26.859）
Difamt	−0.151 ***			−0.144 ***
	（−16.099）			（−15.200）
LnDifIpo	0.016 ***			0.017 ***
	（14.527）			（15.197）
OlapSta		0.059 ***		0.048 ***
		（15.489）		（11.710）
OlapDis		0.102 ***		0.088 ***
		（21.147）		（17.669）

表4.3(续)

模型	QzDum			
	（1）	（2）	（3）	（4）
OlapInd		0.178***		0.219***
		（23.356）		（28.391）
Olphtc		0.023***		0.017***
		（12.398）		（8.859）
samecity			0.029***	0.019***
			（12.369）	（7.794）
Sametype			−0.019***	−0.009***
			（−8.405）	（−3.816）
Difage			0.001***	0.0004***
			（6.444）	（3.509）
Constant	0.390***	−0.025***	0.080***	0.294***
	（36.247）	（−5.452）	（17.212）	（25.923）
Region	Yes	Yes	Yes	Yes
Type	Yes	Yes	Yes	Yes
Year	Yes	Yes	Yes	Yes
Observations	116 330	120 434	120 434	116 330
R^2	0.056	0.064	0.041	0.081

4.4.2 风险资本同盟与风投机构价值增值

4.4.2.1 单变量检验

为了检验风险资本同盟对风投机构的增值效应，我们首先将研究样本分为有"同盟"组和无"同盟"组，进行单变量检验，结果报告在表4.4中。其中，列（1）和列（2）分别报告有无"同盟"组的平均投资效率和绩效，列（3）报告的是有"同盟"组合与无"同盟"组合的差异，列（4）是 t 统计量。从列（3）和列（4）的结果来看，风投机构所投企业 IPO 的数量对数化处理（IpoNum）、风投机构的 IPO 成功概率（IpoScu）、投资数量对数化处理（InvNum）和投资金额对数化处理（InvAmout）几个指标，有"同盟"的机构都在 1% 水平上显著，比无"同盟"的风投机构高。表4.4 单变量检验的结果显示，风险资本同盟能够显著提升风投机构的投资效率和投资绩效，提升自身价值，初步验证了假设 4-1A。

表 4.4 风险资本同盟与风投机构价值增值的单变量检验

	（1）	（2）	（3）	（4）
	有同盟组	无同盟组	有同盟-无同盟	t-value
IpoNum	0.393	0.072	0.321	38.377***
IpoScu	0.074	0.034	0.040	8.957***
InvNum	2.585	1.588	0.997	61.945***
InvAmout	6.307	4.748	1.559	45.211***

4.4.2.2 回归结果分析

（1）风险资本同盟的价值增值效应

表 4.5 报告了风险资本同盟对风投机构的投资价值增值效应。其中，列（1）至列（4）分别是 IPO 数量对数化处理（IpoNum）、IPO 成功率（IpoScu）、投资数量对数化处理（InvNum）和投资金额对数化处理（InvAmout）的回归结果。

从列（1）中可以看出，在控制了地区、投资风格、时间等因素后，有无风险资本同盟（QzDum）的变量系数为 0.16，在 1%的水平上显著，说明有风险资本同盟的机构 IPO 数量显著提高 0.16%。列（2）中 IPO 成功概率（IpoScu）的系数在 1%的水平上显著为正，表明有"资本同盟"的机构 IPO 成功概率显著提升 3.7%。此外，列（3）、列（4）结果显示，风投机构的投资数量变量（InvNum）、投资金额变量（InvAmout）在统计上均显著为正，说明有"资本同盟"的风投机构的投资数量、投资金融显著比无"资本同盟"的机构高 0.421%、0.666%。这一结果充分说明"资本同盟"促进了风投机构的投资效率和绩效，在 IPO 数量、成功率以及投资数量与投资金额方面都有明显的提升，"资本同盟"的价值提升效应明显，初步证实假设 4-1A 是成立的。

控制变量中，列（1）、列（2）显示机构是否投资高科技行业变量（Htc）系数在统计上均不显著，但在列（3）、列（4）中显著为正，说明风投机构投资高科技的偏好有助于提高投资数量与投资额度。风投机构存续年限对数化处理（VcAge）系数显著为正，说明风投机构成立时间越早，投资经验越丰富，投资效率越高。关系网络指标（Network）系数在列（1）、列（3）和列（4）统计上显著，说明关系网络能够提升 IPO 的数量、投资公司数量以及投资额度，但对 IPO 成功概率并无明显影响。

表 4.5　风险资本同盟与风投机构价值增值

模型	IpoNum (1)	IpoScu (2)	InvNum (3)	InvAmout (4)
QzDum	0.160 *** (15.579)	0.037 *** (5.621)	0.421 *** (23.295)	0.666 *** (14.043)
Htc	0.000 4 (0.048)	−0.006 (−1.038)	0.142 *** (8.680)	0.278 *** (6.467)
VcAge	0.115 *** (14.457)	0.022 *** (4.348)	0.168 *** (11.984)	0.444 *** (12.100)
InvStacen	−0.034 (−1.245)	−0.003 (−0.161)	−0.288 *** (−6.016)	1.014 *** (8.065)
InvIndcen	−0.076 ** (−2.287)	0.055 ** (2.565)	−1.121 *** (−19.152)	−1.061 *** (−6.917)
Invdiscen	−0.064 ** (−2.296)	−0.000 4 (−0.022)	−0.381 *** (−7.776)	−1.541 *** (−11.992)
Network	0.079 *** (7.041)	0.009 (1.345)	0.333 *** (16.870)	0.781 *** (15.063)
Region	Yes	Yes	Yes	Yes
Type	Yes	Yes	Yes	Yes
Year	Yes	Yes	Yes	Yes
Observations	7 653	7 653	7 653	7 653
R^2	0.214	0.024	0.540	0.304

表 4.6 报告了风险资本同盟广度的价值增值效应。我们重点关注"同盟"数量对数化处理（QzNum）的系数，可以看出，在列（1）至列（4）均为正，且在 1% 水平上显著。以列（1）为例，"同盟"数量每增加 1%，IPO 数量提高 0.181%。从列（2）至列（4）的结果来看，"资本同盟"的经济效应非常明显，"同盟"数量每增加 1%，IPO 成功率提高 2.3%，投资数量增加 0.464%，投资金额增加 0.692%。这一结果进一步证实假设 4-1A 是成立的，也表明风投机构的"同盟"伙伴越多，越能提升机构自身的价值，增值效应越明显。这也反映出"同盟"之间的信息溢出效应。这种经济效应不仅仅是 Cohen et al.（2012）、申宇等（2015）分析的信息分享，在风投机构中更直接的是来自投资额度、IPO 成功退出数量和 IPO 成功率的上升，是资本与资本联结最直接的表现，证实了中国的风险资本同盟具有积极的投资规模、运营效率提升效应。

表 4.6　风险资本同盟广度的经济效应

模型	IpoNum	IpoScu	InvNum	InvAmout
	（1）	（2）	（3）	（4）
QzNum	0. 181 ***	0. 023 ***	0. 464 ***	0. 692 ***
	（27. 968）	（5. 368）	（41. 875）	（22. 844）
Htc	−0. 008	−0. 007	0. 122 ***	0. 261 ***
	（−0. 902）	（−1. 206）	（8. 018）	（6. 263）
VcAge	0. 090 ***	0. 020 ***	0. 105 ***	0. 397 ***
	（11. 988）	（3. 989）	（8. 165）	（11. 250）
InvStacen	−0. 027	−0. 004	−0. 249 ***	1. 093 ***
	（−1. 013）	（−0. 236）	（−5. 496）	（8. 848）
InvIndcen	−0. 006	0. 056 ***	−0. 995 ***	−0. 879 ***
	（−0. 180）	（2. 650）	（−18. 110）	（−5. 861）
Invdiscen	−0. 055 **	−0. 002	−0. 342 ***	−1. 452 ***
	（−2. 040）	（−0. 087）	（−7. 437）	（−11. 584）
Network	0. 050 8 ***	0. 008	0. 263 ***	0. 656 ***
	（4. 621）	（1. 120）	（13. 964）	（12. 752）
Region	Yes	Yes	Yes	Yes
Type	Yes	Yes	Yes	Yes
Year	Yes	Yes	Yes	Yes
Observations	7 644	7 644	7 644	7 644
R^2	0. 181	0. 030	0. 488	0. 290

表 4.7 报告了风险资本同盟深度的价值增值效应。从稳健性角度出发，我们分别报告了"资本同盟"内平均合作投资次数对数化处理（An）、平均合作投资金额对数化处理（Am）的结果。从列（1）至列（4）我们发现，资本同盟内成员平均合作投资次数对数化处理（An）变量在统计上均显著为正，说明"资本同盟"内部合作次数越多，投资机构 IPO 数量对数化处理（IpoNum）、IPO 成功概率（IpoScu）、投资数量对数化处理（InvNum）与投资额度对数化处理（InvAmout）越会显著提升，再次证实假设 4-1A 是成立的。此外，同盟内成员平均合作投资金额对数化处理（Am）的结果显示，列（5）至列（8）的回归系数均为正，且在 1% 水平上显著，也表明"资本同盟"内部平均投资金额越多，资金合作越紧密，风投机构之间价值提升越明显。从另一个侧面反映出"同盟"合作的加深有利于长期经济效益的提升。当同盟内成员互动频率越高、情感涉入越深、亲密程度越强且互惠程度越高时，能形成忠诚信任的关系、获得情感的支持和对共同任务的理解，能促进组织团结、稀缺资源的获取和追求目标一致性（Nahapiet et al., 1998）。

表 4.7 风险资本同盟深度的经济效应

模型	IpoNum (1)	IpoScu (2)	InvNum (3)	InvAmout (4)	IpoNum (5)	IpoScu (6)	InvNum (7)	InvAmout (8)
Am	0.025*** (15.790)	0.004*** (3.930)	0.086*** (31.940)	0.187*** (26.910)				
An					0.058*** (14.950)	0.008*** (3.320)	0.215*** (32.410)	0.333*** (18.880)
Htc	−0.005 (−0.580)	−0.007 (−1.180)	0.124*** (7.820)	0.251*** (6.090)	−0.007 (−0.760)	−0.007 (−1.190)	0.117*** (7.350)	0.251*** (5.960)
VcAge	0.110*** (13.870)	0.020*** (4.228)	0.125*** (9.230)	0.354*** (10.140)	0.114*** (14.680)	0.020*** (4.530)	0.139*** (10.360)	0.440*** (12.430)
InvStacen	−0.054** (−1.970)	−0.008 (−0.430)	−0.319*** (−6.760)	0.987*** (8.090)	−0.039 (−1.420)	−0.005 (−0.310)	−0.263*** (−5.590)	1.075*** (8.610)
InvIndcen	−0.054 (−1.620)	0.053** (2.490)	−1.038*** (−18.090)	−0.735*** (−4.958)	−0.049 (−1.480)	0.052** (2.440)	−1.001*** (−17.440)	−0.869*** (−5.710)
Invdiscen	−0.080*** (−2.950)	−0.004 (−0.240)	−0.390*** (−8.210)	−1.480*** (−11.970)	−0.080*** (−3.050)	−0.005 (−0.270)	−0.400*** (−8.360)	−1.530*** (−12.120)
Network	0.080*** (7.300)	0.010 (1.550)	0.310*** (16.340)	0.670*** (13.310)	0.080*** (7.450)	0.010* (1.659)	0.310*** (16.380)	0.730*** (14.210)
Region	Yes	Yes	Yes	Yes	Yes	Yes	Yes	Yes
Type	Yes	Yes	Yes	Yes	Yes	Yes	Yes	Yes
Year	Yes	Yes	Yes	Yes	Yes	Yes	Yes	Yes
Observations	7 653	7 653	7 653	7 653	7 653	7 653	7 653	7 653
R^2	0.161	0.023	0.501	0.321	0.158	0.022	0.502	0.289

（2）风险资本同盟动态变化的经济效应

前面的分析从静态视角出发，发现风险资本同盟对风投机构具有明显的价值增值效应，下面从"资本同盟"变化的动态视角研究其经济效应。我们采用相邻两个滚动窗口期风险资本同盟数量变化（Dqz）作为解释变量，采用前面的模型（4-2）回归，结果报告在表4.8中。

表4.8　风险资本同盟数量变化的经济效应

模型	IpoNum	IpoScu	InvNum	InvAmout
	（1）	（2）	（3）	（4）
Dqz	0.008 **	−0.017 ***	0.124 ***	0.205 ***
	（2.401）	（−7.476）	（21.425）	（13.625）
Htc	0.004	−0.001	0.137 ***	0.279 ***
	（0.435）	（−0.094）	（7.255）	（5.675）
VcAge	0.125 ***	0.021 ***	0.165 ***	0.452 ***
	（15.350）	（3.827）	（11.933）	（12.566）
InvStacen	−0.081 ***	−0.021	−0.281 ***	1.017 ***
	（−2.871）	（−0.960）	（−5.061）	（7.054）
InvIndcen	−0.076 **	0.041	−1.271 ***	−1.148 ***
	（−2.256）	（1.541）	（−18.686）	（−6.498）
Invdiscen	−0.070 **	0.002	−0.348 ***	−1.471 ***
	（−2.371）	（0.070）	（−5.980）	（−9.720）
Network	9.766 ***	2.174 **	44.054 ***	93.637 ***
	（8.880）	（2.347）	（18.502）	（15.140）
Region	Yes	Yes	Yes	Yes
Type	Yes	Yes	Yes	Yes
Year	Yes	Yes	Yes	Yes
Observations	7 204	6 098	6 098	6 098
R^2	0.149	0.037	0.481	0.282

从列（1）中可以看出，风投同盟数量变化（Dqz）对IPO数量的影响显著为正，说明风投同盟数量每增加1个单位，IPO数量提高0.008%。同时，列（3）、列（4）的结果显示，Dqz在1%的水平上显著为正，说明"资本同盟"变化显著提高了投资公司数量及投资额度，其经济含义是"同盟"数量每增加1个，投资公司数量增加0.124%，投资额度增加0.205%。但列（2）结果显示，风投同盟数量变化对IPO成功率的影响显著为负，导致这一结果的

原因可能是"资本同盟"对投资公司数量提升较快，IPO 数量增速低于投资增速，这也进一步说明"资本同盟"变化对风投机构的投资数量具有明显的提升效应。

前面发现"同盟"数量的动态变化提升了公司投资规模以及 IPO 数量，本章将进一步研究"资本同盟"的"阶跃"效应。"阶跃"是源于物理学上的概念，在现实中常用来形容阶层、状态的跳变。从稳健性角度出发，我们将"资本同盟"数量变化大于等于 3 和 4 定义为同盟的"阶跃"，用（Dbqz1、Dbqz2）度量，重复前面的回归，结果报告在表 4.9 中。其中，列（1）至列（4）是"资本同盟"数量变化大于等于 3 的结果，后面四列是"资本同盟"数量变化大于等于 4 的结果。

可以看出，列（1）至列（4）中，"同盟"阶跃（Dbqz1）变量对 IPO 数量、投资数量、投资额度的回归系数均在 1% 的水平上显著为正，但列（2）中对 IPO 成功率的影响并不显著。由此可见，"资本同盟"的增加会明显提升机构价值，"资本同盟"跳跃性增加会更进一步提升机构价值。结合表 4.8 的结果，"同盟"每变化一个单位，IPO 数量会显著提升 0.008%，但风险资本同盟"阶跃"会带来 IPO 数量 0.199% 的增加，"资本同盟"的"阶跃"效应是非线性的快速提升。这也反映出在中国风投机构市场中，"资本同盟"存在快速增值效应，低层"同盟"的风投机构"阶跃"到高层"同盟"后，投资效率、资本运作能力极大提升，也隐含着风投市场"大哥"带"小弟"的合理性。从列（5）至列（8）的结果来看，"阶跃"效应同样明显，与前面的结果一致。

综上，实证结果显示风投机构有"同盟"、"同盟"的广度及深度、"同盟"的增加和"阶跃"都能显著提升风投机构的自身价值。检验结果支持了假设 4-1A。

表 4.9 风险资本同盟动态变化与"阶跃"效应

模型	阶跃 3				阶跃 4			
	IpoNum	IpoScu	InvNum	InvAmout	IpoNum	IpoScu	InvNum	InvAmout
	(1)	(2)	(3)	(4)	(5)	(6)	(7)	(8)
Dbqz1	0.199***	-0.025	0.864***	1.421***				
	(9.270)	(-1.620)	(22.190)	(14.020)				
Dbqz2					0.281***	-0.028	0.995***	1.456***
					(10.701)	(-1.490)	(20.800)	(11.690)
Htc	0.002	-0.001	0.131***	0.269***	0.001	-0.001	0.133***	0.275***
	(0.160)	(-0.180)	(6.962)	(5.484)	(0.157)	(-0.190)	(7.050)	(5.570)
VcAge	0.098***	0.021***	0.156***	0.437***	0.097***	0.021***	0.154***	0.435***
	(13.990)	(3.960)	(11.320)	(12.168)	(13.940)	(3.970)	(11.120)	(12.050)
InvStacen	-0.070***	-0.019	-0.290***	1.003***	-0.070***	-0.020	-0.280***	1.017***
	(-2.650)	(-0.890)	(-5.230)	(6.961)	(-2.586)	(-0.900)	(-5.026)	(7.025)
InvIndcen	-0.068**	0.049*	-1.256***	-1.124***	-0.073**	0.050*	-1.297***	-1.202***
	(-2.049)	(1.835)	(-18.510)	(-6.367)	(-2.222)	(1.883)	(-19.060)	(-6.780)
Invdiscen	-0.066**	0.007	-0.363***	-1.496***	-0.063**	0.007	-0.357***	-1.492***
	(-2.276)	(0.308)	(-6.255)	(-9.897)	(-2.190)	(0.301)	(-6.116)	(-9.824)
Network	0.090***	0.160*	0.440***	0.930***	0.090***	0.160*	0.450***	0.960***
	(8.880)	(1.710)	(18.630)	(15.210)	(8.830)	(1.700)	(18.780)	(15.430)
Region	Yes	Yes	Yes	Yes	Yes	Yes	Yes	Yes
Type	Yes	Yes	Yes	Yes	Yes	Yes	Yes	Yes
Year	Yes	Yes	Yes	Yes	Yes	Yes	Yes	Yes
Observations	7 403	6 098	6 098	6 098	7 403	6 098	6 098	6 098
R^2	0.153	0.029	0.483	0.283	0.156	0.029	0.478	0.276

4.4.3 内生性分析

尽管上述实证结果验证和支持了假设 4-1A，认为风险资本同盟能够显著提升风投机构的自身价值，但是风险资本同盟可能存在内生性问题。一来可能存在遗漏变量的问题，二来"同盟"的构成可能存在样本自选择的情况，再者风投机构的价值增值也可能对"同盟"的构成有影响，因而不排除有反向因果的问题，从而造成估计的偏误。为了尽可能减轻内生性问题的影响，本章采用了两种方法：一是工具变量法，二是 Heckman（1979）两阶段法。

（1）工具变量法

工具变量的选取需要满足两个条件。第一，工具变量要与"同盟"密切相关；第二，工具变量并不直接影响风投机构的投资绩效。参考曹春方和贾凡胜（2020），商业会所作为中国特殊的商业圈层，在"资本同盟"形成过程中扮演着重要的角色，往往成为风投机构结交朋友的渠道，会促进"同盟"的形成。但商会并不直接影响 IPO 的数量、投资额度的大小，需要通过"资本同盟"的投资能力影响投资效率。因此，本章选取各省异地商会的数量（BC）作为工具变量之一。同时，参考张维迎和柯荣住（2002）、陆瑶等（2017），在社会信用体系越好、商务诚信度越高的城市和地区，越容易聚集更多的风投机构，也越能够形成"资本同盟"，但地区信任与投资绩效并无直接的因果关系，与"资本同盟"的投资风格、管理能力相关。因此，本章将各省异地商会的数量（BC）与城市商业信用环境指数的交互项（BC×Trust）作为工具变量，进行两阶段最小二乘（2SLS）回归，结果报告在表 4.10 中。

从表 4.10 的结果来看，第一阶段回归结果显示，各省异地商会的数量与城市商业信用环境指数交互项指标（BC×Trust）在 1% 的水平上显著为正，且通过了弱工具变量检验。该指标每提高 1 个单位，风险资本同盟形成的概率提高 70.5%，由此可见该工具变量的选取是合理的。第二阶段的回归结果显示，风险资本同盟对 IPO 数量（IpoNum）提升在统计上显著为正，对投资数量（InvNum）、投资额度（InvAmout）的影响在 1% 的水平上显著为正，表明在考虑了内生性的问题后，"资本同盟"对投资效率的提升效应仍然显著存在。但对 IPO 的成功率（IpoScu）的影响在统计上不显著，这可能是因为"资本同盟"促进投资数量快速提升，IPO 数量的增长慢于投资数量的增长，从而相对降低了 IPO 成功率，与前面的结果一致，也说明本章的研究结论是稳健的。

表 4.10　工具变量法

	第一阶段	第二阶段			
	QzDum （1）	IpoNum （2）	IpoScu （3）	InvNum （4）	InvAmout （5）
BC×Trust	0.705 *** （25.781）				
QzDum		0.118 *** （20.213）	−0.002 （−0.434）	0.459 *** （54.438）	0.826 *** （33.511）
Htc	−0.095 ** （−2.179）	−0.009 （−0.833）	−0.010 （−1.470）	0.137 *** （8.591）	0.261 *** （5.608）
VcAge	0.213 *** （5.458）	0.061 *** （5.955）	0.026 *** （3.913）	−0.074 *** （−5.038）	−0.011 （−0.250）
InvStacen	−0.047 （−0.372）	−0.028 （−0.866）	−0.004 （−0.193）	−0.279 *** （−5.979）	0.996 *** （7.299）
InvIndcen	−0.986 *** （−6.243）	0.051 （1.254）	0.041 （1.550）	−0.417 *** （−7.047）	0.237 （1.370）
Invdiscen	0.456 *** （3.518）	−0.030 （−0.899）	−0.021 （−0.951）	−0.244 *** （−5.018）	−1.331 *** （−9.385）
Network	−0.100 * （−1.934）	0.039 *** （2.946）	0.015 * （1.844）	0.137 *** （7.057）	0.443 *** （7.811）
Type dummy	Yes	Yes	Yes	Yes	Yes
Year dummy	Yes	Yes	Yes	Yes	Yes
Region	Yes	Yes	Yes	Yes	Yes
Observations	5 349	5 349	5 349	5 349	5 349
R^2	0.148				
CD Wald F statistic	148.072				

（2）Heckman（1979）两阶段法

前面通过工具变量两阶段最小二乘法在一定程度上降低了内生性问题的影响，但本章的研究仍可能存在样本自选择的问题。一方面，"同盟"可能是基于商会、信任、人脉关系内生形成的，另一方面仍存在一些无法观察到的因素会影响"同盟"的形成，同时也影响着投资绩效。例如"资本同盟"核心人物的个人特征、"同盟"运行规则等。这些隐秘因素在某种程度上保证了"资本同盟"的稳定性、忠诚性和资源配置效率，同时也影响着风投机构投资的效率和投资绩效。考虑到样本自选择的问题，本章采用 Heckman（1979）两阶段法，以尽可能消除这一因素的影响。结果报告在表 4.11 中，其中第一阶段采用的 Probit 模型与表 4.10 的结果一致。

从表 4.11 中可以看出，Inverse Mill Ratio 指标（IMR）在统计上均显著，说明前面的分析可能存在样本自选择的问题。在控制了这一因素后，是否有"同盟"指标（QzDum）对 IPO 数量（IpoNum）、投资数量（InvNum）与投资额度（InvAmout）的影响在 1% 的水平上显著为正，进一步说明"资本同盟"具有显著的资本增值效应。但"资本同盟"对 IPO 成功率（IpoScu）的影响在统计上不显著，与前面的结果一致，也反映了投资数量的增速提升更快，相对降低了 IPO 的成功率，表明本章的研究是稳健的。

表 4.11　Heckman（1979）两阶段法

模型	IpoNum	IpoScu	InvNum	InvAmout
	（1）	（2）	（3）	（4）
QzDum	0. 554 ***	−0. 001	2. 128 ***	3. 983 ***
	（19. 089）	（−0. 032）	（49. 182）	（32. 413）
Htc	−0. 012	−0. 010	0. 125 ***	0. 238 ***
	（−1. 098）	（−1. 466）	（7. 598）	（5. 102）
VcAge	0. 062 ***	0. 024 ***	−0. 062 ***	−0. 007
	（6. 014）	（3. 619）	（−4. 037）	（−0. 165）
InvStacen	−0. 026	−0. 004	−0. 273 ***	1. 013 ***
	（−0. 814）	（−0. 188）	（−5. 649）	（7. 380）
InvIndcen	0. 057	0. 048 *	−0. 436 ***	0. 251
	（1. 384）	（1. 837）	（−7. 105）	（1. 437）
Invdiscen	−0. 036	−0. 019	−0. 276 ***	−1. 376 ***
	（−1. 077）	（−0. 867）	（−5. 503）	（−9. 656）
Network	0. 038 ***	0. 014	0. 139 ***	0. 431 ***
	（2. 816）	（1. 642）	（6. 924）	（7. 548）
IMR	−0. 294 ***	0. 029 **	−1. 315 ***	−2. 531 ***
	（−14. 576）	（2. 235）	（−43. 732）	（−29. 634）
Type dummy	Yes	Yes	Yes	Yes
Year dummy	Yes	Yes	Yes	Yes
District dummy	Yes	Yes	Yes	Yes
Observations	5 349	5 349	5 349	5 349
R^2	0. 213	0. 031	0. 630	0. 397

4.5　进一步分析：风险资本同盟增值渠道

4.5.1　风险资本同盟、制度环境与价值增值

风险资本同盟体现了中国"差序格局"人际关系的重要特征，在中国的转型经济特殊时期作为非正式制度的补充，扮演着重要作用。为了厘清"资本同盟"在不同的中国制度环境中的影响，本章采用樊纲等（2016）的市场化、法制环境、产权保护程度三个指数进行进一步考察。参考 Li et al.（2017）的方法，将风险资本同盟与制度环境指标交乘，重复前面的回归结果报告在表4.12中，其中 Panel A 至 Panel C 分别是市场化程度、地区法制化水平和产权保护程度的结果。

不难看出，在控制了其他因素后，Panel A 中市场化程度与风险资本同盟交互变量（Mkt×QzDum）在列（1）至列（3）中均显著为负，说明"资本同盟"在市场化程度较高的地区降低了 IPO 的数量、IPO 成功率，也降低了投资数量，但对投资额度没有显著影响。市场化程度越高，机构规范化运作越强，信息越透明，资源的流动更频繁，"资本同盟"作为非正式制度的补充效应削弱，资本增值的效应反而有所降低。这从另一个角度也反映在市场化程度越低的地区，"资本同盟"对资本增值的影响越明显。市场化程度越低，资本抱团越紧密，能够通过"同盟"获得更多的信息和资源，"资本同盟"更容易发挥积极的"润滑剂"作用（Chen et al., 2011）。

Panel B 中，在控制其他因素不变的条件下，法制环境与"资本同盟"交互项（Law×QzDum）在列（1）、列（3）中显著为负，说明"资本同盟"在法制环境越好的地方，对 IPO 的数量、投资额度影响显著降低，进一步说明风险资本同盟的经济效应在法制环境相对较差的地区更明显，具有"润滑剂"功能。

Panel C 中，在控制其他因素不变的条件下，产权保护与风险资本同盟的交互项（Rpr×QzDum）在列（1）、列（3）中显著为负，表明风险资本同盟在产权保护越强的地方，IPO 数量、投资额度显著降低，也反映出风险资本同盟在产权保护越弱的地方，上市运作能力越强，投资额度越大。

表4.12 的结果说明，在不同的制度环境中，风险资本同盟能够产生不同的经济效应。"资本同盟"在市场化程度越弱、法治水平越低、产权保护越差

的地区，对风投机构的增值效应越明显。"资本同盟"在一定程度上疏通了在转型经济中因制度环境发展不充分而导致的资源和信息流动阻碍，作为正式制度的补充，发挥了积极的经济"润滑剂"功能。

表4.12 风险资本同盟、制度背景与价值增值

	IpoNum (1)	IpoScu (2)	InvNum (3)	InvAmout (4)
Panel A	市场化程度			
Mkt×QzDum	−0.033***	−0.012***	−0.037***	−0.042
	(−4.922)	(−2.724)	(−3.200)	(−1.385)
Control	Yes	Yes	Yes	Yes
Observations	7 185	7 185	7 185	7 185
R^2	0.186	0.029	0.492	0.285
Panel B	法制水平			
Law×QzDum	−0.011***	−0.002	−0.011**	−0.012
	(−4.378)	(−1.070)	(−2.339)	(−1.035)
Control	Yes	Yes	Yes	Yes
Observations	7 185	7 185	7 185	7 185
R^2	0.186	0.029	0.491	0.284
Panel C	产权保护程度			
Rpr×QzDum	−0.005***	−0.001	−0.005**	−0.006
	(−4.434)	(−1.084)	(−2.460)	(−1.257)
Control	Yes	Yes	Yes	Yes
Observations	7 185	7 185	7 185	7 185
R^2	0.186	0.029	0.491	0.284

4.5.2 风险资本同盟、经济政策不确定性与价值增值

经济政策不确定性是目前转型的中国经济面临的挑战之一，由于金融市场的管制、市场政策的高依赖性，企业规避不确定的选择是更加谨慎地投资（Gulen et al., 2015）。对于风投机构而言，经济政策不确定性变高，投资额度是否降低，资本运作的效率是否受到影响？如果"资本同盟"能够在经济政

策不确定过程中提高资本运作效率、投资额度，那么进一步说明"资本同盟"降低了经济政策不确定性带来的负面冲击，证实"资本同盟"的"润滑剂"功能明显存在。

因此，本章根据 Baker et al.（2016）用香港《南华早报》每日新闻内容中包含"中国""经济""政策"以及"不确定性"四个关键词的文章占当月文章总数量的比重，构建了中国经济政策不确定性指数（EPU）①。本章将月度化的 EPU 指数加总得到年度指标，并将其与"资本同盟"变量交乘，重复前面的回归，结果报告在表 4.13 中。

从表 4.13 中可以看出，在控制了其他因素后，经济政策不确定性与风险资本同盟交乘的指标（EPU×QzDum）在列（1）、列（3）、列（4）中均显著，说明具有风险资本同盟的风投机构，在经济政策不确定性提高时，IPO 数量显著提高，投资数量和投资额度都明显增加。这一结果证实，在经济政策不确定程度提高时，风险资本同盟发挥了结合型社会资本的作用（Adler et al.，2002），通过内部凝聚力的提升，抵御外部政策的变化，具有显著提升 IPO 运作能力、投资能力的增值效应，也说明抵御经济政策不确定性是风险资本同盟发挥价值增值效应的一个渠道。

表 4.13　风险资本同盟、经济政策不确定性与价值增值

模型	IpoNum（1）	IpoScu（2）	InvNum（3）	InvAmout（4）
EPU×QzDum	0.538 ***	0.000 2	0.287 **	0.623 *
	（7.542）	（0.004）	（2.270）	（1.881）
QzDum	−2.642 ***	0.036	−1.071	−2.576
	（−7.110）	（0.151）	（−1.629）	（−1.494）
EPU	2.108 ***	0.314 *	7.261 ***	17.339 ***
	（7.185）	（1.653）	（13.989）	（12.738）
Htc	0.000 2	−0.006	0.142 ***	0.278 ***
	（0.022）	（−1.038）	（8.675）	（6.461）
VcAge	0.115 ***	0.022 ***	0.168 ***	0.444 ***
	（14.516）	（4.347）	（11.989）	（12.103）

① 数据来源：http://www.policyuncertainty.com/china_epu.html。

表4.13(续)

模型	IpoNum（1）	IpoScu（2）	InvNum（3）	InvAmout（4）
InvStacen	−0.035	−0.003	−0.289 ***	1.013 ***
	（−1.279）	（−0.161）	（−6.027）	（8.059）
InvIndcen	−0.078 **	0.055 **	−1.122 ***	−1.064 ***
	（−2.349）	（2.565）	（−19.173）	（−6.931）
Invdiscen	−0.062 **	−0.000 4	−0.380 ***	−1.539 ***
	（−2.249）	（−0.022）	（−7.761）	（−11.980）
Network	0.080 ***	0.009	0.334 ***	0.783 ***
	（7.172）	（1.345）	（16.905）	（15.090）
Region	Yes	Yes	Yes	Yes
Type dummy	Yes	Yes	Yes	Yes
Year dummy	Yes	Yes	Yes	Yes
Observations	7 644	7 644	7 644	7 644
R^2	0.187	0.030	0.488	0.291

4.5.3 风险资本同盟、政策冲击与价值增值

前面的分析证实，宏观经济政策不确定越高，风险资本同盟的增值效应就越明显。具体到与风投机构直接相关的政策变化，2014 年中国证监会第 105 号令颁布了《私募投资基金监督管理暂行办法》（以下简称《办法》），该《办法》的实施正式将私募资本市场纳入监管范围。监管趋严会对风投机构的募、投、管、退四个关键环节产生直接冲击，风投机构的发展与监管政策密切相关。因此，本章将该《办法》作为近年来风投机构影响的外生事件冲击，构建政策冲击变量（Shock，如果时间在 2014 年后等于 1，否则等于 0），考察105 号令对"资本同盟"增值效应的影响。本章采用风险资本同盟与 105 号令政策冲击（Shock×QzDum）的交乘项，重复前面的模型进行回归，结果报告在表 4.14 中。

可以看出，表 4.14 中列（1）至列（4）所有政策冲击变量（Shock）系数在统计上均显著为负，说明政策冲击降低了风投机构的 IPO 数量、IPO 成功率、投资额度与投资数量。但政策冲击与风险资本同盟交互项（Shock×

QzDum）系数在统计上均显著为正，说明风险资本同盟在政策冲击之后提高了所投企业 IPO 的数量和 IPO 成功率，同时风险资本同盟显著增加了政策冲击之后的投资公司数量、投资额度。这一结果表明，私募基金监管政策冲击后，降低了风投机构整体的投资额度，但"同盟"的力量凝聚了资本，加强了机构之间的紧密合作，风投机构"抱团取暖"，共同应对政策冲击。由此可见，风险资本同盟不仅在宏观经济政策不确定时提升了机构价值，在私募行业监管的政策冲击下，也表现出显著的价值增值效应。

表 4.14　风险资本同盟、政策冲击与价值增值

模型	IpoNum（1）	IpoScu（2）	InvNum（3）	InvAmout（4）
Shock×QzDum	0.147 ***	0.028 **	0.180 ***	0.409 ***
	（7.440）	（2.176）	（5.166）	（4.476）
QzDum	0.057 ***	0.018	0.295 ***	0.380 ***
	（3.330）	（1.599）	（9.741）	（4.774）
Shock	−0.658 ***	−0.089 *	−2.107 ***	−5.024 ***
	（−7.863）	（−1.652）	（−14.250）	（−12.955）
Htc	−0.001	−0.007	0.140 ***	0.273 ***
	（−0.130）	（−1.090）	（8.569）	（6.366）
VcAge	0.115 ***	0.022 ***	0.168 ***	0.445 ***
	（14.528）	（4.354）	（12.018）	（12.126）
InvStacen	−0.031	−0.002	−0.285 ***	1.023 ***
	（−1.131）	（−0.127）	（−5.944）	（8.145）
InvIndcen	−0.080 **	0.054 **	−1.126 ***	−1.073 ***
	（−2.421）	（2.529）	（−19.269）	（−7.000）
Invdiscen	−0.068 **	−0.001	−0.386 ***	−1.553 ***
	（−2.464）	（−0.069）	（−7.898）	（−12.101）
Network	0.070 ***	0.008	0.323 ***	0.757 ***
	（6.250）	（1.111）	（16.267）	（14.532）
Type	Yes	Yes	Yes	Yes
Year	Yes	Yes	Yes	Yes
District	Yes	Yes	Yes	Yes
Observations	7 644	7 644	7 644	7 644
R^2	0.187	0.030	0.490	0.292

4.6 稳健性检验

4.6.1 风险资本同盟的能量

前面的研究发现，风险资本同盟提高了风投机构的价值。从稳健性角度考虑，本章从风投机构调动资源的能量视角研究了风险资本同盟的价值增值效应。具体来讲，每个滚动窗口期识别出风投机构 A 的"资本同盟" A-B、A-C、A-D 等，分别加总 A 的同盟内成员 B、C、D 等的投资数量、投资额度、IPO 数量，并进行对数化处理，以此度量风投机构 A 的"资本同盟"能够调动的资源。该指标值越大，说明该风险资本同盟能力越强，能够调动的资源越多，分别用 Powera、Powerb、Powerc 表示，重复前面的回归模型（4-2），结果分别报告在表 4.15 的 Panel A 至 Panel C 中。

表 4.15　稳健性检验——风险资本同盟的能力与价值增值

	IpoNum（1）	IpoScu（2）	InvNum（3）	InvAmout（4）
Panel A	投资数量度量			
Powera	0.067 ***	−0.005 **	0.397 ***	0.760 ***
	（20.480）	（−2.207）	（9.777）	（5.916）
Control	Yes	Yes	Yes	Yes
Observations	7 644	7 644	7 644	7 644
R^2	0.192	0.018	0.761	0.498
Panel B	投资额度度量			
Powerb	0.030 ***	−0.003 *	0.208 ***	0.669 ***
	（14.354）	（−1.904）	（6.932）	（10.865）
Control	Yes	Yes	Yes	Yes
Observations	7 644	7 644	7 644	7 644
R^2	0.177	0.026	0.664	0.716
Panel C	IPO 数量度量			
Powerc	0.156 ***	0.042 ***	0.136 ***	0.200 ***
	（8.196）	（26.265）	（30.769）	（16.960）
Control	Yes	Yes	Yes	Yes
Observations	7 185	7 185	7 185	7 185
R^2	0.552	0.107	0.512	0.298

从 Panel A 的结果来看，首先，以投资数量度量的风险资本同盟能量指标（Powera）对风投机构 IPO 数量影响显著为正，且在 1% 的水平上显著，说明"资本同盟"能量越大，风投机构上市数量越多，价值提升越显著。其次，从列（3）、列（4）的结果来看，Powera 显著提升了风投机构的投资数量和投资额度，增值效应明显。但列（2）的结果显示，Powera 显著降低了 IPO 成功率，这一结果与前面类似，从列（1）和列（3）的结果分析，说明 Powera 对投资数量的提升更快，从某种程度上降低了 IPO 成功率，也表明本章的研究结论是稳健的。

从 Panel B 结果与 Panel A 一致来看，以投资额度度量的风投同盟资源指标（Powerb）显著提升了风投机构 IPO 数量，从列（3）、列（4）的结果来看，Powerb 显著增加了风投机构的投资数量和投资额度，资本增值效应明显。列（2）的结果显示，Powerb 显著降低了 IPO 成功率，这是投资增速过快所致，表明本章的研究结论是稳健的。

从 Panel C 结果来看，以 IPO 数量度量的风险资本同盟能量指标（Powerc）在 1% 的水平上显著提升了风投机构 IPO 数量、IPO 成功率、投资数量和投资额度，说明风险资本同盟 IPO 运作能力对资本增值效应更加明显，也进一步表明本章的研究结论是稳健的。

4.6.2　剔除 2015 年股灾的影响

中国股市在 2015 年 7 月初经历了千股跌停的股灾，二级市场的暴跌引起整个投资市场流动性枯竭，二级市场的退出渠道受阻，影响到了风险投资机构的一级市场投资、资本运作。考虑到股灾对整个资本市场的冲击效应，本章剔除 2015 年样本，重复前面的回归，结果报告在表 4.16 中。可以看出，表 4.16 中列（1）至列（4），风险资本同盟哑变量（QzDum）系数在 1% 的水平上显著为正，与面前的结果一致。说明在考虑了股灾因素的影响后，本章的结果是稳健的。

表 4.16　稳健性检验——剔除 2015 年股灾样本

模型	IpoNum (1)	IpoScu (2)	InvNum (3)	InvAmout (4)
QzDum	0.156 *** (14.252)	0.037 *** (4.958)	0.439 *** (22.847)	0.690 *** (13.562)
Htc	0.002 (0.162)	−0.008 (−1.207)	0.164 *** (9.352)	0.314 *** (6.774)

表4.16(续)

模型	IpoNum（1）	IpoScu（2）	InvNum（3）	InvAmout（4）
VcAge	0.114 ***	0.024 ***	0.184 ***	0.475 ***
	(13.394)	(4.130)	(12.325)	(12.014)
InvStacen	−0.020	−0.002	−0.208 ***	1.153 ***
	(−0.679)	(−0.101)	(−4.117)	(8.638)
InvIndcen	−0.073 **	0.057 **	−1.084 ***	−1.067 ***
	(−2.031)	(2.347)	(−17.245)	(−6.413)
Invdiscen	−0.080 ***	−0.004	−0.354 ***	−1.549 ***
	(−2.687)	(−0.187)	(−6.750)	(−11.172)
Network	0.083 ***	0.011	0.323 ***	0.739 ***
	(7.058)	(1.433)	(15.706)	(13.599)
Type	Yes	Yes	Yes	Yes
Year	Yes	Yes	Yes	Yes
Region	Yes	Yes	Yes	Yes
Observations	6 597	6 597	6 597	6 597
R^2	0.191	0.031	0.477	0.294

4.6.3 选取一线城市样本

资本往往聚集于金融资源丰富的区域，风险资本同盟更容易在资本密集的地方聚集。因此，本部分将一线城市（北京、上海、深圳、广州）的子样本单独回归，考察一线城市风险资本同盟的价值增值效应，结果报告在表4.17中。可以看出，表4.17中的风险资本同盟哑变量（QzDum）变量系数均在1%的水平上显著为正，说明一线城市的风险资本同盟具有明显的资本价值增值效应。与前面的结果一致，也说明本章的研究是稳健的。

表4.17 稳健性检验——线城市样本

模型	IpoNum（1）	IpoScu（2）	InvNum（3）	InvAmout（4）
QzDum	0.166 ***	0.044 ***	0.423 ***	0.632 ***
	(11.911)	(4.820)	(18.367)	(10.589)
Htc	−0.016	−0.008	0.104 ***	0.239 ***
	(−1.340)	(−0.945)	(5.117)	(4.556)

模型	IpoNum（1）	IpoScu（2）	InvNum（3）	InvAmout（4）
VcAge	0.133***	0.030***	0.118***	0.381***
	(12.622)	(4.338)	(6.747)	(8.436)
InvStacen	−0.037	0.008	−0.316***	0.849***
	(−1.050)	(0.331)	(−5.367)	(5.569)
InvIndcen	−0.020	0.061**	−0.998***	−0.551***
	(−0.447)	(2.139)	(−13.753)	(−2.932)
Invdiscen	−0.118***	−0.002	−0.446***	−1.582***
	(−3.155)	(−0.073)	(−7.218)	(−9.889)
Network	12.188***	0.178	4.994***	1.446***
	(6.168)	(0.139)	(15.308)	(17.114)
Type	Yes	Yes	Yes	Yes
Year	Yes	Yes	Yes	Yes
Region	Yes	Yes	Yes	Yes
Observations	4 827	4 827	4 827	4 827
R^2	0.222	0.036	0.506	0.321

4.6.4 选取本土风投机构样本

考虑到植根于中国的"差序格局"传统文化对本土机构的影响更大，本土机构具有更明显的同盟化倾向，"资本同盟"的效应也可能在本土风投机构表现更明显。因此，从稳健性角度出发，本章以本土风投机构子样本重复了前面的回归，结果报告在表4.18中。可以看出，在其他因素都相同的情况下，风险资本同盟哑变量（QzDum）在1%的水平上显著为正，说明本土风险资本同盟的价值增值效应明显存在，也表明本章的研究是稳健的。

表4.18 稳健性检验——本土风投样本

模型	IpoNum（1）	IpoScu（2）	InvNum（3）	InvAmout（4）
QzDum	0.171***	0.045***	0.402***	0.656***
	(15.341)	(5.951)	(21.079)	(12.925)
Htc	0.010	−0.001	0.125***	0.225***
	(1.016)	(−0.151)	(7.432)	(5.013)

表4.18(续)

模型	IpoNum (1)	IpoScu (2)	InvNum (3)	InvAmout (4)
VcAge	0.121*** (13.981)	0.024*** (4.015)	0.191*** (12.979)	0.459*** (11.734)
InvStacen	−0.033 (−1.144)	−0.002 (−0.081)	−0.306*** (−6.157)	0.958*** (7.242)
InvIndcen	−0.069* (−1.913)	0.060** (2.451)	−1.035*** (−16.940)	−0.926*** (−5.694)
Invdiscen	−0.060** (−2.003)	0.007 (0.348)	−0.431*** (−8.468)	−1.712*** (−12.636)
Network	7.275*** (5.951)	0.885 (1.062)	33.817*** (16.221)	79.948*** (14.401)
Year	Yes	Yes	Yes	Yes
Region	Yes	Yes	Yes	Yes
Observations	6 436	6 436	6 436	6 436
R^2	0.177	0.028	0.481	0.274

4.7 本章小结

本章以2009—2019年风险资本联合投资数据为样本，构建了风险资本同盟指标，研究风险资本同盟化对风投机构价值增值的影响。研究发现，中国风投市场同盟化现象明显。风投机构更倾向于与投资资源和投资风格相似、距离相近的伙伴结成"同盟"，"同盟"呈现出"物以类聚"的同质性特征；同时，风险资本同盟也具有"优势互补"的异质性特征，投资经验和IPO实力悬殊的风投机构更易形成"同盟"，不同类型的机构更容易紧密合作。进一步地，本章研究发现，风险资本同盟显著提高了风投机构的投资效率和投资绩效，不仅促进了投资数量和投资额度的增加，所投企业IPO的数量、IPO的成功率也明显提升，具有显著的价值增值效应。此外，风险资本同盟的增加会促进风投机构价值的进一步提升，当风投机构从低层次"同盟""阶跃"为高层次"同盟"后，增值效应也会明显提高。为了缓解"同盟"的自选择效应、反向因果等内生性问题的影响，本章采用了工具变量法和Heckman（1979）两阶段法进行估计，结果保持不变。

本章进一步检验了风险资本同盟促进风投机构价值增值的渠道，发现"同盟"在转型经济中充当了积极的"润滑剂"，作为非正式制度发挥了重要的补充作用；当风投机构面对政策不确定性和政策冲击时，"同盟"会"抱团取暖"，凝聚力量，共同应对不确定性。当构建风险资本同盟"能量"指标、剔除 2015 年股灾样本、选取一线城市子样本和机构类型为本土的子样本进行稳健性检验后，结果依然稳定。

近年来，"同盟"在资本市场中的作用逐渐得到众多学者的关注，但是对于"如何准确度量同盟关系"和"同盟"在转型经济中的作用和相关机制这些基本问题，现有研究尚未给出满意的答案，相关的大样本研究更为匮乏。本章从中国传统"差序格局"的"同盟"出发，指出在风险资本市场中"关系"不等同于"同盟"。本章基于直接的联合投资关系筛选、认证形成的"风险资本同盟"为突破口，以风投机构的视角研究了其对机构自身投资效率和投资绩效的影响，实证检验了"同盟"的经济效应，试图探索上述两个基本问题的答案。该研究不仅对风投机构联合投资这一投资模式，结合中国传统文化根基进行了深入探索，对现有关系网络的研究方法也具有一定的拓展意义，对实务中资本力量的凝聚、风投机构投资伙伴的选择、不确定事件的应对及自身价值增值也具有一定的指导意义。

当前，我国经济正经历特殊的转型期，传统"差序格局"的根植和转型期的众多问题交织在一起，使得"同盟"现象更加突出。本章在中国这一浓厚的"同盟"背景下，利用风险资本市场这一天然的实验场所，研究了"风险资本同盟"的资源配置及对机构增值效应的影响，一方面从全新的视角丰富了风险投资大样本研究，特别是对联合投资的研究有开创性拓展，另一方面有助于从文化的视角剖析风投机构价值增值问题，为我国风投产业蓬勃发展注入内在动力，对重新审视我国传统文化对经济金融的深刻影响具有重要的意义。

5 风险资本同盟与被投企业价值增值：基于隐性发行成本的视角

5.1 引言

在我国特殊的转型经济背景下，"上市难、上市贵"的问题长期存在于资本市场中，广受诟病，成为困扰 IPO 公司的难题。这不仅源于 IPO 资源的稀缺，更源于巨额的上市成本，尤其是隐性发行成本。要想成功登陆 A 股，除了承担保荐承销费、审计验资费、律师费、披露费等显性成本之外，企业更要负担各式各样的隐性成本，主要包括准入成本、信息披露成本、财经公关成本、时间成本和抑价成本（孙亮 等，2015）。这些通常不被披露的隐性成本极为高昂，个别上市企业的隐性发行成本总和甚至上亿元，^① 远远超过显性成本，成为企业上市道路上凶猛的"拦路虎"。我国资本市场起步晚，发展仍不成熟，整体治理环境较差，巨额的隐性发行成本不仅阻碍了企业上市的节奏，对企业价值增值也有非常负面的影响，而且扰乱了资本市场的健康生态，降低了资源配置效率，尤其值得重视。

尽管隐性发行成本问题的研究至关重要，但由于其难以度量，现有研究主要集中在对 IPO 抑价率这种隐性发行成本的探讨上（Tian，2011；Chemmanur et al.，2012；李海霞 等，2014）。对财经公关费、时间机会成本等其他隐性成本进行研究的学者主要关注其经济后果方面（邵新建 等，2015；易志高 等，2019；宋顺林 等，2017），对影响因素的研究十分匮乏。仅有极少数学者聚焦在外在的制度层面对其影响因素展开分析，比如保荐制、预披露制度的实施对这些隐性发行成本造成的影响（刘烨 等，2013；方军雄，2014）。如何从公司内源视角出发，有效、系统地降低隐性发行成本，现有文献的经验研究还十分

---

① 根据孙亮等（2015）、王木之和李丹（2016）的资料推算。

缺乏。

本章选取清科私募通数据库（PEdata）2009—2019 年中国风险投资数据，采用多次联合投资的数据构建了风险资本同盟指标。在此基础上，进一步识别出在企业上市当年及前两年有风险资本同盟支持、在 A 股以 IPO 方式退出的企业信息以及每个被投企业背后的风险资本同盟，从信息不对称的角度切入，研究风险资本同盟如何系统影响隐性发行成本及其影响渠道，以期从全新的视角完善企业在 IPO 阶段价值增值的路径。

隐性发行成本涉及的方面较多较复杂，最核心和占比较大的是财经公关费（孙亮 等，2015；王木之 等，2016）。既有实证研究对 IPO 抑价的讨论十分热烈，IPO 抑价率指标的度量已经较成熟（Tian，2011；Chemmanur et al.，2012）。宋顺林和辛清泉（2017）率先对隐性成本中的时间机会成本展开研究，探讨了上市时间机会成本对上市后公司业绩变化和大股东经济行为的影响。其他隐性发行成本，比如准入成本、信息披露成本因涉及企业的盈余管理行为、税务调节行为、商业机密、个人隐私的外溢成本等难以准确度量（孙亮 等，2015）。鉴于此，本章从 IPO 抑价、财经公关费及上市时间成本三个维度衡量了隐性发行成本。

本章的研究可能具有如下学术贡献：

第一，本章的研究拓展了风投领域联合投资的研究框架，从风险资本同盟发挥"认证"作用、降低公司隐性发行成本的全新视角对风投机构在资产市场的作用功能以及对被投企业价值增值的文献进行了有益补充。目前风险资本对被投企业的价值增值功能被广泛认可（Fried et al.，1994；Kaplan et al.，2000），但是鲜有学者从降低 IPO 公司隐性发行成本的视角出发探讨其价值增值效应。本章借助风投联合投资抱团成为"同盟"这一独特视角，以中国"差序格局"的"同盟关系"为背景进行了研究，对该领域文献具有较大补充。

第二，本章的研究是对隐性发行成本影响因素相关文献的有益补充。由于隐性发行成本具有的复杂性，对该领域的研究还相对匮乏。现有研究主要集中在对 IPO 抑价率这种隐性成本的探讨上（Tian，2011；Chemmanur et al.，2012；李海霞 等，2014）。对财经公关费和时间机会成本等其他隐性成本进行研究的学者主要关注了其经济后果（邵新建 等，2015；易志高 等，2019；宋顺林 等，2017）。仅有极少数学者聚焦在外在的制度层面对其影响因素展开分析（刘烨 等，2013；方军雄，2014）。现有文献十分缺乏对隐性发行成本全面系统的研究。本章选取风险投资领域作为天然的实验场所，研究了同盟化的风险资本对隐性发行成本的影响，尝试从财经公关费、IPO 抑价及时间机会成本三个维度切入，力争较为全面地分析资本联结形成的"同盟"对隐性发行成本的系统影响，对进一步厘清隐性发行成本的影响因素、促进企业价值增值有重要的理论和现实意义。

第三，本章尝试提出了提高新股发行效率的方法之一，对新股发行制度改革有重要启示。现阶段我国资本市场的治理环境仍不乐观，高昂的隐性发行成本成为企业上市道路中的"拦路虎"，严重降低了资源配置有效性。在资本市场稳步推进"注册制"改革、弱化外在审核的背景下，如何从内源角度出发，有效降低隐性发行成本显得尤为重要。本章的研究发现意味着，资本联结的力量并非总是负面的，"资本同盟"的各种突出优势能够在资本市场中起到有价值的"认证"作用，减轻各参与方的信息不对称程度，降低公司的隐性发行成本，提高新股发行效率。

本章余下的内容安排如下：第二部分在进行理论分析的基础上提出研究假设，第三部分介绍研究设计，第四至七部分为实证结果分析、内生性分析和稳健性检验，第八部分为本章小结。

5.2　理论分析与研究假设

Ritter（1987）首次将 IPO 发行成本区分为直接发行成本和隐性发行成本，认为 IPO 隐性成本是指 IPO 抑价和其他难以衡量的隐性成本。之后，IPO 抑价成为学术界经久不衰的热点话题，较为活跃的理论流派有四个，分别是信息不对称流派、制度成因流派、股权控制权流派和行为金融流派。其中，影响最为广泛的当属信息不对称理论流派（Ljungqvist，2007）。

除了 IPO 抑价，隐性发行成本还主要包括准入成本、信息披露成本、财经公关成本和时间成本（孙亮 等，2015）。由于其隐秘性，如何准确度量是一个难题。逐步有学者以财经公关费和时间机会成本作为突破口尝试新的研究。方军雄（2014）用披露的发行费用中的其他费用衡量支付给媒体的有偿沉默费；邵新建等（2015）用总发行费用减去承销保荐费、会计师审计费、律师的律师费用来衡量媒体公关费；王木之和李丹（2016）用非预期承销费用的回归残差进行了后三年的预测，衡量了媒体公关费用。汪昌云等（2015）研究指出，IPO 公司会积极在定价造势期进行媒体信息管理，以此降低与外部投资者之间的信息不对称程度。宋顺林 等（2017）则以从证监会受理材料到最终发行上市的天数衡量上市的时间机会成本。学者们发现隐性成本越高的企业，其上市后的会计业绩和市场表现也显著越差（方军雄，2014；宋顺林 等，

2017）。目前学术界关于隐性发行成本全面系统的研究还十分缺乏，仅有少数学者从外部制度环境的视角探讨了财经公关费和其他隐性发行成本的影响因素（刘烨 等，2013；方军雄，2014）。公司如何从内源角度系统降低隐性发行成本并未引起学术界的足够重视。

学者们普遍认可信息不对称程度越高的公司具有越高的隐性发行成本（Ibbotson et al.，1994；Ang et al.，2002；Schrand et al.，2002）。一方面，IPO公司的信息不对称程度越高，意味着公司的价值不确定性越强（Habib et al.，1998；Beatty et al.，1986）。现有文献较为一致的结论是 IPO 抑价率与公司信息不对称程度呈正相关关系（Ritter，1987；Benveniste et al.，2003；张学勇等，2011；冯照桢 等，2016），信息不对称程度越高，IPO 抑价率越大。另一方面，价值不确定性越强的公司，越容易暴露出各种问题，在审核过程中容易遭到各方质疑，越有必要主动进行各种包装和媒体信息管理，增强企业的可视性（Vlittis et al.，2012）。这不仅会大幅度增加财经公关费的支出，也可能延长上市时间，极大地提高隐性发行成本。

新股发行是一个不完全竞争市场。在新股发行过程中，发行人、承销商、投资者、媒体等发行参与者之间均存在不同程度的信息不对称。新股发行的信息沟通机制十分特殊，发行人可以准确地掌握公司信息，但外部投资者却只能通过研究报告、招股说明书、路演、媒体新闻、其他中介信息等来判断企业价值。其中，媒体在资本市场的信息传播中扮演着不可替代的重要角色，不仅可以制造、加工、整合信息，还能在极大程度上促进甚至引导信息传播（Tetlock，2010；易志高 等，2017）。由于媒体信息披露管理对 IPO 公司至关重要，又具有很高的专业性和复杂性，许多公司特别是信息不对称程度较高的公司会不惜砸下重金增加媒体曝光度，吸引投资者关注。甚至有些公司通过媒体制造更多的正面报道，掩盖相关的负面报道，为了回应投资者质疑、顺利通过审核进行"粉饰"和包装，支出巨额的财经公关费（刘烨 等，2015；方军雄，2014；宋顺林 等，2017；张光利 等，2021）。

Megginson 和 Weiss（1991）研究指出，风险资本具有"认证"功能，能够有效降低市场参与各方的信息不对称程度，并认为有效发挥"认证"功能要具备三个条件：一是认证方有直接利益相关的投资；二是认证的价值大于虚假认证可能带来的利益；三是认证失败会使认证方声誉受损。然而，遗憾的是，许多学者都认为中国市场上的风投机构较为年轻，整体上体现出"逐名"动机，为了尽快建立声誉，会不惜以更高的隐性发行成本让企业尽快上市（张学勇 等，2011；李海霞 等，2014；张学勇 等，2014）。

风投的"认证"效应首先是基于对被投企业的服务、监督所带来的价值增值（Kaplan et al.，2000），其次是基于声誉的信息传递（张学勇 等，2011；吴超鹏 等，2012）。本章认为，同盟化的风险资本具备以下优势，有利于"认证"功能的发挥：

第一，同盟化的风险资本具有更强的信息优势，这对于认证功能的发挥起着关键作用。风投机构作为主动型投资人，其专业性决定了信息获取渠道、能力和处理方式更胜一筹（Amit et al.，1998；Lerner，1995）。大部分风险投资机构都有自己深耕的行业赛道，在其熟悉的领域能够及时获取更多的私有信息。由于风投竞争日益激烈，好公司成为争抢投资的对象，私有信息的快速获取和处理能力成为投资机构的制胜法宝。风险资本同盟基于真实的投资关系多次合作、反复博弈而产生，"同盟"伙伴具有忠诚信任、稳固的长期合作关系，能够对私有信息进行共享（Cohen et al.，2010），不同领域的信息和资源聚集在同盟内，明显形成信息优势。

第二，同盟化的风险资本可以提供更好的增值服务。资源信息的共享也进一步带来专业水平的提高，风险资本同盟能够给被投企业提供更精准的战略定位、更合理的资本结构和人力资源安排等。"同盟"的"纽带"还能有效降低搜寻成本、交易成本，促进公司与政府、各金融中介的沟通，带来财政补贴、税收优惠、投资信息等一系列资源，在融资和投资方面搭建桥梁（Zhang et al.，2015；Chizema et al.，2015；陈运森 等，2011），帮助被投企业更快成长。

第三，同盟化的风险资本可以对公司管理层形成更强有力的监督，同时也具有更强的谈判能力。风投机构通过投资持股成为公司股东之后，即与公司管理层之间形成委托代理关系。Diamond（1984）指出风险资本会通过监督公司管理层尽职尽责来保障自身利益。Kaplan 和 Stromberg（2001）给出了大部分的风投机构会参与到管理层选择中的直接证据。风险资本同盟内部因利益绑定具有一致性目标和更强的凝聚力，稳定的合作伙伴关系在一定程度上缓解了"同盟"内部的"搭便车"和道德风险问题，促进"同盟"成员的努力程度提高，能够对公司管理层形成更有力的监督。例如，同盟化的风险资本在契约设置中能够加强控制权和决策权的设计，在运用特殊工具如分期投资方面可能取得更显著的成效，从而有效缓解代理问题。另外，深度利益绑定的"同盟"具有更强势的话语权和谈判能力，在与 IPO 其他参与方（诸如承销商、媒体等）讨价还价的过程中可能获得更有利的地位。

第四，同盟化的风险资本能够发挥显著的"声誉"效应。"声誉"可以起到信号发送的作用，能更有效地传递企业价值信息给外部投资者与 IPO 其他参与方。良好的声誉能够有效减少信息不对称问题（Chemmanur et al.，1994）。Chemmanur et al.（2012）研究发现，无论是在产品市场还是金融市场，与单独投资相比，联合投资都能够带来更多企业附加价值。风险资本同盟通过多次稳定的联合投资关系形成，这可能意味着超越松散的联合投资关系能带来企业价值增值。其次，同盟内部呈现出"大哥"带"小弟"的重要特征（罗家德等，2014），"同盟"成员优势互补，"同盟"的经验水平随着领导者的经验而提高（Cestone et . al，2007）。赵静梅等（2015）研究发现，虽然中国的风险投资总体上并没有改善企业的生产效率，但高声誉风投机构与企业生产效率却显著正相关。李海霞和王振山（2014）也证实存在高声誉风险投资的积极影响，既可以缩短 IPO 公司的上市年限，又降低了发行成本。此外，"同盟"凭借各成员的社会影响，拥有更大的市场力量，具有和证监会、承销商、律师团队、会计师事务所、分析师等高资质市场参与者、监管者的网络连接，无疑向市场传递了更多有关企业未来发展前景的利好信息，能够加强对 IPO 公司的"背书"，吸引更多高资质机构投资者的关注。

基于以上分析，风险资本同盟基于多次合作、重复博弈产生，"同盟"伙伴具有忠诚信任、稳固的长期合作关系，多样化的信息聚集和私有信息分享造就了得天独厚的信息优势。同盟化的风险资本基于互补的专业技能和广泛的资源网络能够更好地帮助 IPO 企业实现价值增值，更快更稳定地成长以满足上市条件。同时，利益绑定的"同盟"成员拥有更强的话语权，目标一致且具有更高的努力程度，能够对公司管理层进行更有力的监督，在与其他参与方的谈判中占据着有利地位。风险资本的"抱团"提升了企业价值，这无疑减轻了"同盟"进行虚假认证的动机。另外，风险资本同盟的优越性代表着良好的声誉，成员之间相互熟悉，有更强的融洽度，一定程度上可以避免虚假认证这种短视行为（Bachmann et al.，2006）。此外，"同盟"所具备的强大市场力量能够向 IPO 参与方传递强有力的信号。风投机构非常看重通过 IPO 退出获取高额利润，假如同盟化的风险资本提供虚假认证，会影响其在同盟内的声誉和行业声誉以及与承销商等建立的有价值的关系，也会因为"认证"错误而影响后续的合作（Megginson et al.，1991）。因此，风险资本同盟有动机和能力在 IPO 阶段对公司起到"认证"作用，向投资者准确传递公司价值信息，减轻与外部投资者和市场参与者的信息不对称程度，降低公司上市的相关隐性成本。因此，本章提出如下假设：

假设 5-1A：在其他因素都相同的条件下，风险资本同盟会显著降低 IPO 公司抑价率。

假设 5-1B：在其他因素都相同的条件下，风险资本同盟会显著降低 IPO 公司财经公关费。

假设 5-1C：在其他因素都相同的条件下，风险资本同盟会显著降低 IPO 公司上市时间成本。

5.3 研究设计

5.3.1 数据说明

本章选取中国风险投资机构 2009—2019 年的联合投资数据进行了研究，数据来自清科私募通数据库（PEdata）中的"机构""投资事件"与"退出事件"三个子库。参考吴超鹏等（2012），国内对风险投资（Venture Capital）与私募股权投资（Private Equity）并未明显加以区分，本章选取了清科私募通数据库"机构"子库中机构类型为 PE、VC 的风险投资机构进行研究。本章主要研究同盟化的风险资本对 IPO 公司上市阶段隐性发行成本的影响，从"投资事件"与"退出事件"子库进一步识别出在公司上市当年及前两年有风险资本同盟支持、在 A 股以 IPO 方式退出的公司信息及公司背后的风险资本同盟。风险资本同盟的构建采用第四章所述方法，公司特征及财务数据等相关信息从国泰安（CSMAR）数据库获得，上市时间等相关信息从万德（Wind）数据库获得。文中所有连续变量均采用 1% 和 99% 水平的缩尾（winsorize）处理，以消除极端值的影响。最后，将风险资本同盟的信息与 IPO 公司信息进行匹配。在剔除相关变量数据缺失的样本后，本章最终获得了 630 个公司的完整样本信息。

5.3.2 变量定义与描述性统计

（1）IPO 公司背后的风险资本同盟

本章定义一定时期内，在风险资本市场中多次共同投资同一个项目的风投机构为风险资本同盟。本章采用以下方法构建风险资本同盟并识别出 IPO 公司背后的"资本同盟"：

第一步，本章根据过去三年的联合投资信息，识别出与风险投资机构 A 共同投资三次及以上的伙伴机构 B、C、D 等，以此识别 A-B、A-C、A-D 等分别是 A 的"同盟"。

第二步，计算以机构 A 为中心的"同盟"A-B、A-C、A-D 的个数，并采用滚动时间窗口的方法，每一个窗口期进行重新识别，逐年滚动时间窗口，得到动态调整的风险资本同盟指标。滚动时间窗口的方法与第四章介绍的方法一致。

第三步，找出在样本区间、有风投机构支持、在 A 股以 IPO 方式退出的公司信息。将 IPO 当年及前两年的风险资本同盟信息与公司信息进行匹配，识别出公司背后有无风险资本同盟的支持及计算出"同盟"的数量。

第四步，在稳健性检验部分计算风投机构 A 的同盟内伙伴 B、C、D 等在过去三年的投资数量、投资金额、IPO 数量之和，以此衡量机构 A 的"同盟"声誉。

（2）隐性发行成本：IPO 抑价、财经公关费与时间机会成本

IPO 抑价被形象地称为"留在桌子上的钱"，是衡量新股发行价与市场价之间差距的指标。虽然公司不需要对这种成本进行直接支付，但却不得不承担因新股发行定价错误而带来的无谓损失。学术界比较有代表性的观点认为，IPO 抑价主要源于信息不对称引起的不确定性（Welch et al.，2002）。中国目前的询价制度实际上是基于累积投标制和固定价格结合的混合定价机制。对发行人而言，IPO 主要目的是获取支持其未来发展所需的资金，而不是短期内出售公司股权退出经营，因此短期内公司股价表现对发行人影响较小，发行人想要追求更高的发行价格。发行价和首日市场表现的差距越大，意味着发行人遭受的损失越大。1980—2016 年全球资本市场因为 IPO 抑价使得发行人"留在桌面上的钱"高达 1 551.4 亿美元（魏志华 等，2018），而中国资本市场上的 IPO 抑价率曾一度被认为是世界主要资本市场中最高的（Tian，2011）。本章参考（Li et al.，2019），采用经市场调整的首日回报率（Underpr1）作为因变量来度量公司的 IPO 抑价程度，计算方法为首日收盘价（P_1）与发行价（P_0）之差除以发行价（P_0），再用首日 A 股市场指数收盘价（M_1）与发行日 A 股市场指数收盘价（M_0）之差除以发行日 A 股市场指数收盘价（M_0）进行调整。

隐性成本中最核心和占比较大的是财经公关费（孙亮等，2015；王木之 等，2016；宋顺林 等，2017）。简而言之，公司的财经公关费主要是指在 IPO 过程中花费的各种宣传推介费用。这些费用的支出包括发布招股说明书的材料费、在报纸、杂志、网络媒体等宣传媒介上的支出、聘请专门的财经公关公司的费用、危机公关的支出以及线上线下路演等推介活动的一系列开支（邵新建 等，2015；易志高 等，2019）。首先，公司想要上市必须进行上市辅导，不仅要进行规范整改，更要进行必要的包装，提升公司价值和形象。其次，媒体是资本市场中重要的信息传播者（Tetlock，2010），企业要进行大力宣传推介、增强投资者的关注度和信心都要依仗新闻媒体。此外，媒体报道并非总能不偏不倚，为了牟求私利，媒体可能与公司高管合谋，甚至进行寻租索要巨额"有偿沉默费"（李培功，2013；方军雄，2014）。大部分公司都会不惜斥巨资进行财经公关，主要目的有以下几点：一是为了更好地传递公司价值信息，降

低信息不对称程度；二是借助媒体造势更好地进行投资者关系管理，增强投资者信心；三是监测媒体动态，避免负面新闻的大量涌现影响上市进程。进行财经公关的形式也多种多样，诸如可以通过专题报道释放公司未来发展的利好消息，也可以通过人物访谈进行品牌价值宣传，更有甚者在危机时刻通过"寻租"让媒体三缄其口。财经公关已然成为 IPO 公司不可或缺的媒体信息披露及投资者关系管理手段。按照证监会要求，IPO 公司在股票成功发行后应对各项发行费用进行披露，但是除去支付给承销人、会计师事务所和律师事务所这三大中介费用之外，发行人披露的其他子项目费用并不统一。从名目上来看，主要是包括信息披露、路演宣传、上网发行等推介费用。虽然这几类费用的支付并不明确，但大部分是与宣传推介、信息传递息息相关的。因此，本章借鉴邵新建等（2015）的方法，用总发行费用减去承销保荐费、会计师审计费、律师费并进行对数化处理来衡量财经公关费（Mediafee1）。

宋顺林和辛清泉（2017）首次对上市时间成本的经济后果进行实证研究。王木之和李丹（2016）在文中也对 IPO 审核时间进程进行了梳理，重要的时间节点是申请受理、预披露、发审通过及批准发行。上市快慢对公司而言至关重要，时间机会成本的增加不仅意味着公司无法按时完成募资，会影响重大战略部署，还会对上市后业绩表现和市场收益造成影响。本章借鉴（宋顺林 等，2017；王木之 等，2016）采用 IPO 申报预披露日至上市公告日之间的天数，并进行对数化处理来衡量上市时间机会成本（Day）。如果样本的 IPO 申报预披露日和上市公告日落入 IPO 暂停期则进行相应的调整，扣减掉暂停的天数。

（3）控制变量

参考（王木之 等，2016；张学勇 等，2011；李海霞 等，2014）等，我们采用广泛被使用的二类变量作为控制变量。一是公司特征变量，包括募资金额对数化处理（Size）、上市前三年公司净资产收益率的平均数（ROE）、公司股东股权集中度（Hhi）、公司董事会人数对数化处理（BoaNum）、公司是否属于高风险行业的哑变量（HigInd）以及公司从成立到 IPO 历经年限对数化处理（Age）；二是反映市场特征的变量，包括反映一级市场特征的网上发行中签率（Lot），反映二级市场特征的发行首日换手率（Turnover）以及反映热市效应的 IPO 当月同一交易所 IPO 公司数（Hot）；三是公司风险管控的特征变量主承销商声誉，是否是前十大承销商的哑变量（Underwr），如果承销商的承销收入和承销数量由中国证券业统计排名前 10，则记为 1。同时，本章对行业（Industry）和年度（Year）固定效应进行了控制。主要变量定义如表 5.1 所示。

表 5.1 主要变量定义表

变量名称	变量符号	变量定义	计算方法
因变量	Underpr1	上市首日经市场调整的回报率	$(P_1 - P_0)/P_0 - (M_1 - M_0)/M_0$
	Mediafee1	财经公关费	总发行费用减去承销保荐费、会计师审计费，律师费之差取对数
	Day	上市时间成本	IPO 申报预披露日至上市公告日之间的天数对数化处理
风险资本同盟相关变量	StkQzDum	公司是否有风险资本同盟投资的哑变量	如果是，则等于 1，否则为 0
	LSQzNum	风险资本同盟数量对数化处理	
	LSInvNum	风险资本同盟伙伴投资企业数量对数化处理	
风险资本同盟声誉变量	LSInvAmt	风险资本同盟伙伴投资企业金额对数化处理	
	LSIpoNum	风险资本同盟伙伴成功 IPO 数量对数化处理	
	Size	公司 IPO 募资金额对数化处理	
	ROE	公司上市前净资产收益率（%）	IPO 前三年资产收益率平均值

表5.1（续）

变量名称	变量符号	变量定义	计算方法
控制变量	Hhi	公司股东股权集中度（%）	
	BoaNum	公司董事会人数对数化处理	
	HigInd	公司是否属于高风险行业的哑变量	如果是，则等于1，否则为0
	Age	公司从成立到IPO历经年限对数化处理	
	Lot	网上发行中签率，一级市场情绪	
	Turnover	首日换手率，二级市场情绪	
	Underwr	主承销商声誉	是否是前十大承销商的哑变量
	Hot	热市效应	IPO当月同一交易所IPO公司数

表 5.2 列示了主要变量的描述性统计结果。相比美国市场 18.8% 的平均 IPO 抑价率（Ritter et al.，2002），样本公司经市场指数调整的 IPO 抑价率 （Underpr1）平均值为 43.4%，仍处于一个较高的平均水平。样本公司的财经 公关费对数化处理（Mediafee1）平均值为 6.211，大致接近于 500 万元的平均 水平，明显低于王木之和李丹（2016）研究中样本公司财经公关费的均值 1 189万元，这可能源于本章的样本是风险资本联合投资的公司。上市时间机 会成本（Day）的平均值为 4.895。描述性统计的结果显示我国的 IPO 公司除 了承担高额的显性成本之外，隐性成本更加不容忽视。从解释变量来看，在风 险资本联合投资并成功通过 IPO 退出的样本公司中，平均有 66.6% 的样本公司 背后有风险资本同盟（StkQzDum）的支持，风投机构同盟化现象十分突出。 "同盟"数量对数化处理（LSQzNum）的均值为 0.688。这些风险资本联合投 资的样本公司中，约 50% 的主承销商为市场声誉显赫的承销商。网上发行中签 率（Lot）的平均数为 0.4%，上市首日换手率（Turnover）的平均值 为 34.2%。

表 5.2　描述性统计

变量	平均值	最小值	最大值	标准差	样本量
Underpr1	0.434	−0.097	2.021	0.274	630
Mediafee1	6.211	5.541	7.413	0.364	630
Day	4.895	3.555	7.209	0.741	630
StkQzDum	0.666	0.000	1.000	0.472	630
LSQzNum	0.688	0.000	2.079	0.576	630
ROE	0.228	0.058	0.626	0.109	630
Hhi	0.174	0.037	0.547	0.099	630
BoaNum	2.140	1.609	2.639	0.175	630
HigInd	0.243	0.000	1.000	0.429	630
Underwr	0.499	0.000	1.000	0.500	630
Age	2.440	0.693	3.219	0.505	630
Hot	3.339	1.792	3.932	0.487	630
Size	20.420	18.680	24.760	1.092	630
Turnover	0.342	0.220	0.960	0.228	630
Lot	0.004	0.000	0.065	0.009	630

5.4 实证结果分析

5.4.1 风险资本同盟与隐性发行成本

为了全方位考察同盟化的风险资本对于隐性发行成本的影响，本章首先将被投企业研究样本分为有"同盟"组和无"同盟"组，进行单变量检验。表5.3报告了分组单变量检验的结果。Panel A 是因变量为经市场调整的 IPO 抑价程度（Underpr1）的样本单变量检验结果。列（1）中有"同盟"组的 IPO 抑价程度平均值为 40.3%，列（2）无"同盟"组的均值为 50.9%，两组均值差异在 1% 的水平下显著为负。Panel B 是因变量为财经公关费（Mediafee1）的样本公司分组检验结果。列（1）报告了有"同盟"组财经公关费的平均值为 6.168，列（2）无"同盟"组的均值为 6.292，两组均值差异在 1% 的水平下显著为负。Panel C 是因变量为上市时间成本（Day）的样本公司分组检验结果。列（1）报告有"同盟"组上市时间成本的平均值为 4.845，列（2）无"同盟"组的均值为 4.997，两组均值差异仍然在 1% 的水平下显著为负。从结果初步来看，有风险资本同盟支持的公司无论是 IPO 抑价程度、财经公关费还是上市时间成本都显著低于没有"同盟"支持的公司。这一结果初步表明，同盟化的风投资本全面降低了公司的隐性发行成本，支持了假设 5-1A 至假设 5-1C。

表 5.3 单变量检验

Panel A：	（1）	（2）	（3）	（4）
Underpr1	有同盟组	无同盟组	有同盟−无同盟	t-value
	0.403	0.509	−0.106	−4.138 ***
Panel B：	（1）	（2）	（3）	（4）
Mediafee1	有同盟组	无同盟组	有同盟−无同盟	t-value
	6.168	6.292	−0.123	−3.977 ***
Panel C：	（1）	（2）	（3）	（4）
Day	有同盟组	无同盟组	有同盟−无同盟	t-value
	4.845	4.997	−0.152	−2.687 ***

表 5.3 的单变量分析没有控制隐性发行成本的其他影响因素，为了进一步验证本章的假设，我们采取模型（5-1）进行回归分析。其中，被解释变量是经市场调整的 IPO 抑价程度（Underpr1）、财经公关费（Mediafee1）或上市时间成本（Day）。我们关注的解释变量风险资本同盟 X 用两类变量进行刻画。一是是否有"同盟"的哑变量（StkQzDum），二是"同盟"的广度，用"同盟"数量对数化处理（LSQzNum）来衡量。参考（王木之 等，2016；张学勇等，2011；李海霞 等，2014；宋顺林 等，2017），我们选取表 5.1 中的三类控制变量，同时控制了行业和年度固定效应。表 5.4 报告了风险资本同盟对隐性发行成本的回归结果。

$$Underpr1/Mediafee/Day = \beta_0 + \beta_1 X + \beta_2 Control + Industry + Year + \varepsilon$$

$$(5-1)$$

表 5.4　风险资本同盟与隐性发行成本

VARIABLES	（1）Underpr1	（2）Underpr1	（3）Mediafee1	（4）Mediafee1	（5）Day	（6）Day
StkQzDum	−0.053 **		−0.114 ***		−0.172 ***	
	（−2.298）		（−3.642）		（−2.688）	
LSQzNum		−0.043 ***		−0.072 ***		−0.152 ***
		（−2.585）		（−2.927）		（−3.036）
ROE	−0.003 ***	−0.003 ***	−0.001	−0.001	−0.008 ***	−0.008 ***
	（−2.739）	（−2.635）	（−0.864）	（−0.790）	（−3.275）	（−3.250）
Hhi	−0.305 ***	−0.316 ***	−0.010	−0.023	0.136	0.106
	（−3.294）	（−3.363）	（−0.072）	（−0.168）	（0.460）	（0.359）
BoaNum	−0.005	−0.004	−0.002	−0.003	−0.015	−0.009
	（−0.773）	（−0.606）	（−0.224）	（−0.029）	（−0.828）	（−0.501）
HigInd	0.107 ***	0.105 ***	0.067 *	0.063 *	0.121	0.115
	（3.742）	（3.704）	（1.873）	（1.748）	（1.588）	（1.507）
Underwr	−0.010	−0.008	−0.034	−0.032	−0.073	−0.065
	（−0.509）	（−0.413）	（−1.237）	（−1.154）	（−1.249）	（−1.111）
Age	0.003 **	0.003 *	−0.004	−0.008	0.004	0.003
	（2.073）	（1.960）	（−0.150）	（−0.277）	（0.742）	（0.629）
Hot	0.034	0.034	−0.037	−0.036	−0.300 ***	−0.304 ***
	（1.575）	（1.578）	（−1.253）	（−1.222）	（−4.427）	（−4.506）

VARIABLES	（1）Underpr1	（2）Underpr1	（3）Mediafee1	（4）Mediafee1	（5）Day	（6）Day
Size	-0.046 ***	-0.049 ***	-0.133 ***	-0.139 ***	-0.004	0.007
	（-3.448）	（-3.631）	（-8.542）	（-9.162）	（-0.099）	（0.174）
Turnover	0.260 ***	0.264 ***	-0.020 *	-0.023 *	-0.425 ***	-0.435 ***
	（4.008）	（4.099）	（-1.835）	（-1.944）	（-4.675）	（-4.686）
Lot	0.066 ***	0.067 ***	0.199 ***	0.217 ***	0.027	0.024
	（4.446）	（4.427）	（3.879）	（4.193）	（1.387）	（1.214）
Constant	-0.646 **	-0.739 **	3.783 ***	3.594 ***	6.410 ***	6.278 ***
	（-1.972）	（-2.290）	（9.734）	（9.448）	（13.812）	（13.557）
Industry	Yes	Yes	Yes	Yes	Yes	Yes
Year	Yes	Yes	Yes	Yes	Yes	Yes
Observations	630	630	628	628	628	628
R^2	0.268	0.268	0.192	0.185	0.131	0.134

表 5.4 的列（1）至列（2）的回归因变量是经市场调整的 IPO 抑价率（Underpr1）。从列（1）中可以看出，风险资本同盟哑变量（StkQzDum）的回归系数在 5% 水平下显著为负，相比没有"同盟"的公司，有风险资本同盟支持的公司经市场调整的 IPO 抑价率（Underpr1）显著降低 5.3%。列（2）的解释变量为"同盟"数量对数化处理（LSQzNum），经济含义为，"同盟"数量每增加 1%，经市场调整的 IPO 抑价率显著降低 4.3%。列（3）至列（4）的回归因变量是财经公关费对数化处理（Mediafee1）。列（3）的解释变量风险资本同盟哑变量（StkQzDum）的回归系数在 1% 的水平下显著为负，说明有风险资本同盟支持的 IPO 公司财经公关费（Mediafee1）显著降低 0.114%。列（4）显示，"同盟"数量每增加 1%，IPO 公司财经公关费（Mediafee1）显著降低 0.072%。列（5）至列（6）的回归因变量是上市时间成本（Day）。列（5）的解释变量风险资本同盟哑变量（StkQzDum）回归系数在 1% 的水平下显著为负，说明有风险资本同盟支持的 IPO 公司上市时间成本（Day）显著降低 0.172%。列（6）显示，"同盟"数量每增加 1%，IPO 公司上市时间成本（Day）显著降低 0.152%。

表 5.4 的结果进一步支持了假设 5-1A 至假设 5-1C，说明同盟化的风险资本显著地系统降低了隐性发行成本。从控制变量来看，公司募资规模（Size）的系数在列（1）至列（4）显著为负，说明公司规模越大，信息透明度越高，

越容易被市场投资者认可，有着更低的 IPO 抑价率和财经公关费。净资产收益率（ROE）的系数在列（1）、列（2）及列（5）至列（6）显著为负，说明公司盈利能力较强，IPO 抑价率及上市时间成本显著降低。股东股权集中度（Hhi）的系数在列（1）至列（2）显著为负，意味着更强的监督机制使得 IPO 抑价率降低了。从市场特征来看，一级市场网上中签率（Lot）的系数在列（1）至列（4）显著为正，说明中签率越低，一级市场投资者热情越高的情况下，IPO 抑价率和财经公关费越低。列（1）至列（2）的二级市场首日换手率（Turnover）系数显著为正，说明二级市场投资者情绪会提高首日回报率；而列（3）至列（6）的二级市场首日换手率（Turnover）系数显著为负，意味着二级市场投机情绪越浓的时候，投资者可能盲目乐观，跟风接盘，IPO 公司的财经公关费和上市时间显著降低。

5.4.2 内生性分析

尽管上述实证结果初步验证和支持了假设 5-1A 至假设 5-1C，认为同盟化的风险资本能够显著降低公司的 IPO 抑价、财经公关费及上市时间成本。但是风险资本同盟可能存在内生性问题。一方面，不排除遗漏变量的问题，另一方面"同盟"的构成可能存在样本自选择的情况，从而造成估计的偏误。为了尽可能减轻内生性问题的影响，本章采用以下三种方法进行内生性处理和进一步验证。一是 Heckman（1979）两阶段法，二是倾向得分匹配法（PSM），三是随机打乱解释变量的安慰剂检验。

（1）Heckman（1979）两阶段法

本章的研究仍可能存在样本自选择的问题。风险资本同盟具有得天独厚的信息优势和资源优势，能够推动私密信息和资源在同盟内共享。因此，不排除同盟化的风险资本选择了那些本身信息不对称程度低、隐性发行成本低的公司，而非同盟的"认证"会带来隐性发行成本的降低。考虑到样本自选择的问题，本章采用 Heckman（1979）两阶段法，尽可能消除了这一因素的影响。在第一阶段，考察 IPO 企业背后"资本同盟"形成的影响。本章参考吴超鹏等（2012），在第一阶段的回归中，引入 $t-1$ 年上市公司注册地风投机构的投资总额（Stz）作为工具变量进行估计。第一，工具变量要与公司背后是否有风险资本同盟的投资密切相关；第二，工具变量并不直接影响公司的隐性发行成本。风投机构的投资具有本地偏好（Cumming et al., 2010），上市公司注册地风投机构的投资总额越高，反映出当地风险投资越活跃，风投机构反复合作的概率增高，有利于"同盟"的形成。但另外，上市公司注册地风投机构的投资总额和公司的隐性发行水平并不直接相关。

表5.5报告了Heckman（1979）两阶段法的实证结果。从第一阶段Probit模型的回归结果来看，Inverse Mill Ratio指标（Imr）显著为负，说明前面的分析确实可能存在样本自选择的问题。在控制了这一因素后，风险资本同盟指标对IPO抑价率、财经公关费及上市时间成本的影响仍然显著为负。列（2）的结果显示，有风险资本同盟支持的公司相比没有"同盟"支持的公司，经市场调整的IPO抑价率显著降低2.6%。列（4）的结果显示，有"同盟"支持的公司相比没有"同盟"支持的公司财经公关费显著降低0.107%。列（6）的结果显示，有"同盟"支持的公司相比没有"同盟"支持的公司上市时间成本显著降低0.135%。上述结果进一步验证和支持了假设5-1A至假设5-1C。

表5.5　Heckman（1979）两阶段法

VARIABLES	（1） StkQzDum	（2） Underpr1	（3） StkQzDum	（4） Mediafee1	（5） StkQzDum	（1） Day
Stz	0.181 *** （3.470）		0.188 *** （3.580）		0.181 *** （3.470）	
StkQzDum		−0.026 ** （−2.300）		−0.107 *** （−4.380）		0.135 *** （−3.660）
Imr		−0.134 * （−1.860）		−0.274 * （−1.870）		−0.604 ** （−2.850）
Control	Yes	Yes	Yes	Yes	Yes	Yes
Year	Yes	Yes	Yes	Yes	Yes	Yes
Industry	Yes	Yes	Yes	Yes	Yes	Yes
Obs	627	627	625	625	627	627
R^2		0.206		0.161		0.133

（2）倾向得分匹配法

本章进一步采用倾向得分匹配法来减轻估计对函数形式设定的依赖。首先，采用表5.1中的控制变量进行Logit回归。将募资金额对数化处理（Size）、上市前三年公司净资产收益率的平均数（ROE）、公司股东股权集中度（Hhi）、公司董事会人数对数化处理（BoaNum）、公司是否属于高风险行业的哑变量（HigInd）、公司从成立到IPO历经年限对数化处理（Age）、一级市场网上发行中签率（Lot）、上市首日换手率（Turnover）、IPO当月同一交易所IPO公司数（Hot）、主承销商声誉是否是前十大承销商的哑变量（Underwr）

作为匹配要素，计算出倾向得分（PS）值，然后采用最近邻匹配的可重复的匹配方法，由于 IPO 样本公司数量有限，每个有"同盟"支持的公司按照1∶2进行匹配得到控制组样本。处理组和控制组协变量均值差异检验结果显示，匹配后协变量的标准化偏差显著减少，匹配效果较好。从倾向得分共同取值范围图形来看，控制组和处理组都在共同取值范围内[①]。

表 5.6 报告了匹配后的回归结果。列（1）是否有"同盟"哑变量（StkQzDum）的系数为 -0.065，在 5% 的水平上显著，说明有同盟化的风险资本支持的公司比没有"同盟"的公司，经市场调整的 IPO 抑价率明显会降低6.5%。列（2）中"同盟"数量（LSQzNum）每增加 1%，经市场调整的 IPO抑价率降低 5.9%。列（3）至列（4）的因变量为财经公关费对数化处理（Mediafee1），结果显示，同盟化的风险资本相比没有"同盟"的风险资本，使得财经公关费明显降低 0.125%，"同盟"数量（LSQzNum）每增加 1%，财经公关费降低 0.083%。列（5）至列（6）的因变量为上市时间成本（Day），结果显示，同盟化的风险资本相比没有"同盟"的风险资本，上市时间缩短0.193%，同盟数量（LSQzNum）每增加 1%，上市时间缩短 0.196%。结果与前文保持一致。

表 5.6　倾向匹配得分法

VARIABLES	（1）Underpr1	（2）Underpr1	（3）Mediafee1	（4）Mediafee1	（5）Day	（6）Day
StkQzDum	-0.065 ** (-2.216)		-0.125 *** (-3.079)		-0.193 ** (-2.409)	
LSQzNum		-0.059 ** (-2.505)		-0.083 *** (-2.273)		-0.196 *** (-3.027)
Control	Yes	Yes	Yes	Yes	Yes	Yes
Year	Yes	Yes	Yes	Yes	Yes	Yes
Industry	Yes	Yes	Yes	Yes	Yes	Yes
Observations	474	474	472	472	472	472
R^2	0.286	0.287	0.231	0.222	0.243	0.247

（3）安慰剂检验

为了进一步证实本章的因果关系识别，借鉴（Li et al.，2016；曹春方 等，2020）的研究，本章随机分配风险资本同盟与被投公司匹配，进行安慰剂检

[①] 限于篇幅，此结果未在此处报告。

验。实验发现，随机匹配公司与风险资本同盟过程重复 1 000 次后，风险资本同盟对经市场调整的 IPO 抑价率、财经公关费及上市时间成本的影响变得不显著。图 5.1 中（a）为随机处理 1 000 次后是否有风险资本同盟（StkQzDum）对 IPO 抑价率（Underpr1）的回归系数分布。图 5.1 中（b）为随机处理 1 000 次后是否有风险资本同盟（StkQzDum）对财经公关费（Mediafee1）的回归系数分布。图 5.1 中（c）为随机处理 1 000 次后是否有风险资本同盟（StkQz-Dum）对上市时间成本（Day）的回归系数分布。结果显示，是否有风险资本同盟（StkQzDum）的系数均集中分布在 0 的附近，显著异于估计系数的真实值−0.053、−0.114 和−0.172。由此可见，安慰剂的结果进一步证实了风险资本同盟对隐性发行成本具有显著影响。

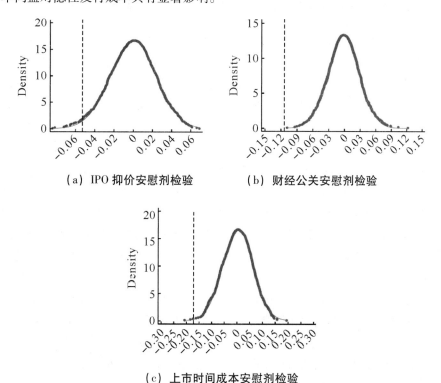

（a）IPO 抑价安慰剂检验　　（b）财经公关安慰剂检验

（c）上市时间成本安慰剂检验

图 5.1　风险资本同盟与隐性发行成本安慰剂检验

5.5 影响渠道分析

上述结果支持了假设 5-1A 至假设 5-1C, 同盟化的风险资本显著降低了公司经市场调整的 IPO 抑价率、财经公关费及上市时间成本, 说明风险资本同盟能够对 IPO 公司进行有效"认证", 降低隐性发行成本。为了进一步验证此结论, 在这一部分, 本章将按照公司信息环境、治理环境和市场环境进行分组, 进一步研究风险资本同盟"认证"功能的影响渠道。

5.5.1 风险资本同盟、公司信息环境与隐性发行成本

表 5.7 报告了按照公司信息环境进行分组的结果。Panel A 按照公司规模的中位数将样本公司分组为大小公司。Panel B 按照公司信息透明度的中位数将样本公司区分为高信息透明度和低信息透明度的公司两组。信息透明度的计算首先采用修正的 Jones 模型 (Dechow et al., 1995) 估计可操控性应计利润, 再加总 IPO 前三期的可操控性应计利润的绝对值得到信息透明度指标。小公司和信息透明度较低的公司有更多先天的治理缺陷, 严重的信息不对称导致 IPO 抑价率往往更高 (Ibbotson et al., 1994; Benveniste et al., 2003)。在上市审核过程中, 这类公司也常常会遭到更多质疑, 完善材料和回应质疑都可能花费更长的上市时间 (宋顺林 等, 2017; 张光利 等, 2021)。同时, 小公司缺乏知名度和品牌效应, 又有强烈的上市动机, 需要花费更多的财经公关费以吸引投资者关注 (夏立军 等, 2005)。结果显示, 风险资本同盟在小公司和信息透明度低的公司显著降低了 IPO 抑价率、财经公关费及上市时间成本, 而在大公司和信息透明度高的公司对 IPO 抑价率、财经公关费及上市时间成本的影响不显著。这说明风险资本同盟在较差的信息环境中加速了信息流动, 将公司价值及时充分地传递给外部投资者与其他市场参与者, 发挥了更为显著的"认证"功能, 意味着通过有效的信息传递降低信息不对称程度是风险资本同盟影响隐性发行成本的一个渠道。

表 5.7　风险资本同盟、公司信息环境与隐性发行成本

Panel A：大小公司分组						
	（1） 大公司	（2） 小公司	（3） 大公司	（4） 小公司	（5） 大公司	（6） 小公司
VARIABLES	Underpr1	Underpr1	Mediafee1	Mediafee1	Day	Day
StkQzDum	−0.016	−0.069**	−0.046	−0.149***	−0.044	−0.252**
	（−0.569）	（−2.070）	（−1.008）	（−3.214）	（−0.476）	（−2.482）
Control	Yes	Yes	Yes	Yes	Yes	Yes
Industry	Yes	Yes	Yes	Yes	Yes	Yes
Year	Yes	Yes	Yes	Yes	Yes	Yes
Observations	310	318	310	318	307	316
R^2	0.225	0.317	0.181	0.183	0.150	0.195
Panel B：信息透明度分组						
	（1） 高	（2） 低	（3） 高	（4） 低	（5） 高	（6） 低
VARIABLES	Underpr1	Underpr1	Mediafee1	Mediafee1	Day	Day
StkQzDum	−0.021	−0.108***	−0.034	−0.163***	−0.110	−0.211**
	（−0.584）	（−3.029）	（−0.769）	（−3.837）	（−1.308）	（−2.178）
Control	Yes	Yes	Yes	Yes	Yes	Yes
Industry	Yes	Yes	Yes	Yes	Yes	Yes
Year	Yes	Yes	Yes	Yes	Yes	Yes
Observations	302	323	302	323	302	323
R^2	0.228	0.315	0.221	0.252	0.140	0.201

5.5.2　风险资本同盟、公司治理环境与隐性发行成本

"认证"效应直观来讲是一种信任"背书"，风险资本同盟如何能够增强IPO参与各方的信任首先是基于对IPO公司的专业化服务和监督，能更好地提升公司价值。质量好的公司自然更容易引起高资质投资者关注，降低各方质疑，顺利通过审核，减小隐性发行成本。监督能够有效缓解委托代理冲突（Ljungqvist，2007）。当CEO持股比例更高时，对公司有更强的监督动机，不仅会加强对承销商的监督，还更能游刃有余地进行各种讨价还价（Ljungqvist et al.，2003）。因此，本章分别按照公司代理成本和 CEO 持股情况进行分组，研究风险资本同盟在不同的公司治理环境中如何发挥"认证"效应。

结果报告在表 5.8 中。Panel A 按照第一类代理成本的中位数将样本公司分为成本高低两组。借鉴戴亦一等（2016），用管理费用及销售费用之和与营业收入的比值衡量管理层超预算的消费，以此测度第一类代理成本。Panel B 按照第二类代理成本中位数将样本公司分为成本高低两组。第二类代理成本反映了控股股东或大股东对中小股东的利益侵蚀。由于大股东对资金的侵占往往包含在其他应收款中，这一指标能够较为直观地反映大股东的掏空行为。借鉴（李寿喜，2007），本章以期末其他应收款除以总资产计算其他应收款率进行第二类代理成本的衡量。Panel C 按照 CEO 持股的中位数分为持股高、低两组，反映公司内部的监督效力。

结果显示，Panel A 中风险资本同盟在第一类代理成本较高的组中，对 IPO 抑价率、财经公关费用的影响更显著；Panel B 中，列（2）和列（6）的结果显示，风险资本同盟在第二类代理成本更高的情况下，对 IPO 抑价率、时间机会成本的影响更显著，列（3）和列（4）的结果都呈现负显著，但通过似无相关检验，显示系数有显著差异，说明风险资本同盟在第二类代理成本较高的组对财经公关费的影响也更显著[①]；Panel C 中列（2）和列（6）的结果显示，风险资本同盟在 CEO 持股比例较低的组中，对 IPO 抑价率、时间机会成本的影响更显著。在列（3）和列（4），CEO 持股比例高、低两组中，"同盟"对财经公关费都呈现显著的负向影响，但基于似无相关模型的检验方法，发现两组系数仍然呈现出显著的差异，说明 CEO 持股比例较低的组中，对 IPO 抑价率、财经公关费用及上市时间成本的作用均更显著[②]。这说明风险资本同盟在缓解股东与管理层的代理冲突以及大股东对中小股东的利益侵蚀方面发挥了明显的"润滑剂"功能；同时，在公司内部监督力较弱的环境中能够发挥更显著的作用，"认证"功能更突出，意味着通过加强监督、缓解代理问题是风险资本同盟影响隐性发行成本的另一个渠道。

---

① 此处通过了似无相关检验：Prob > chi2 = 0.027。
② 此处通过了似无相关检验：Prob > chi2 = 0.015。

表 5.8　风险资本同盟、公司治理环境与隐性发行成本

Panel A：第一类代理成本分组						
	(1) 低	(2) 高	(3) 低	(4) 高	(5) 低	(6) 高
VARIABLES	Underpr1	Underpr1	Mediafee1	Mediafee1	Day	Day
StkQzDum	−0.035	−0.063*	−0.074	−0.101**	−0.176*	−0.186**
	(−1.018)	(−1.761)	(−1.649)	(−2.321)	(−1.891)	(−2.029)
Control	Yes	Yes	Yes	Yes	Yes	Yes
Industry	Yes	Yes	Yes	Yes	Yes	Yes
Year	Yes	Yes	Yes	Yes	Yes	Yes
Observations	312	316	312	316	312	316
R^2	0.277	0.359	0.150	0.294	0.174	0.123
Panel B：第二类代理成本分组						
	(1) 低	(2) 高	(3) 低	(4) 高	(5) 低	(6) 高
VARIABLES	Underpr1	Underpr1	Mediafee1	Mediafee1	Day	Day
StkQzDum	−0.054	−0.057*	−0.075*	−0.134***	−0.127	−0.166*
	(−1.390)	(−1.725)	(−1.707)	(−3.049)	(−1.418)	(−1.756)
Control	Yes	Yes	Yes	Yes	Yes	Yes
Industry	Yes	Yes	Yes	Yes	Yes	Yes
Year	Yes	Yes	Yes	Yes	Yes	Yes
Observations	310	318	310	318	310	318
R^2	0.269	0.310	0.175	0.298	0.140	0.201
Panel C：CEO 持股比例分组						
	(1) 高	(2) 低	(3) 高	(4) 低	(5) 高	(6) 低
VARIABLES	Underpr1	Underpr1	Mediafee1	Mediafee1	Day	Day
StkQzDum	−0.017	−0.118**	−0.076*	−0.140***	−0.071	−0.264***
	(−0.680)	(−2.592)	(−1.659)	(−3.287)	(−0.737)	(−3.006)
Control	Yes	Yes	Yes	Yes	Yes	Yes
Industry	Yes	Yes	Yes	Yes	Yes	Yes
Year	Yes	Yes	Yes	Yes	Yes	Yes
Observations	303	325	303	325	303	325
R^2	0.290	0.288	0.279	0.163	0.116	0.178

5.5.3 风险资本同盟、市场环境与隐性发行成本

在不同的市场环境下，同盟化的风险资本"认证"作用的发挥是否有差异性呢？邵新建等（2015）研究发现市场情绪会影响机构投资者的认购需求，情绪越乐观，认购需求越大，发行价格上调幅度越大。朱宏泉等（2021）指出经济政策不确定性既会影响发行价也会影响投资者对公司的价值判断。从逻辑上分析，市场情绪整体乐观时，发行人在宣传推介、信息传递方面花费的支出将有所降低；而经济政策不确定加强时，投资者可能对 IPO 公司价值认可度降低，发行价和上市时间也会受到监管趋严的影响。因此，本章分别按照市场情绪和经济政策不确定性指标进行分组验证。

首先，本章参考易志高和茅宁（2009），基于 BW 模型选取市场换手率等6 个情绪指标，利用主成分分析法构建了以月度为单位的中国证券市场投资者情绪指数进行分组检验，高于中位数的组为市场情绪乐观组，低于中位数的为市场情绪低迷组。表 5.9 的 Panel A 报告了在不同的市场情绪下，风险资本同盟对 IPO 抑价率、财经公关费及上市时间成本的影响结果。列（2）、列（4）和列（6）的结果显示，在投资者情绪低迷的情况下，风险资本同盟对隐性发行成本有更显著的负向影响，"认证"作用更突出。其次，在 Panel B 中，本章借鉴 Baker et al.（2016）的方法，用香港《南华早报》每日新闻内容中，包含"中国""经济""政策"以及"不确定性"四个关键词的文章占当月文章总数量的比重，构建了中国经济政策不确定性指数（EPU）进行分组。高于中位数的为高不确定性组，低于中位数的为低不确定性组。Panel B 中列（4）和列（6）的结果显示，在市场环境的经济政策不确定性越高时，风险资本同盟对财经公关费及上市时间成本的负向影响越显著。列（1）和列（2）的结果显示，在市场情绪乐观和低迷两组中，"同盟"对 IPO 抑价率都呈现显著的负向影响，但基于似无相关模型的检验方法，发现两组系数仍然呈现出显著的差异[①]。这说明在投资者情绪低迷或经济政策不确定程度提高时，风险资本同盟发挥了结合型社会资本的作用（Adler et al.，2002），通过内部凝聚力的提升，抵御外部政策的变化，有"同盟"支持的公司能够更有效地为公司价值"背书"，说明抵御不确定性冲击、提升投资者信心是风险资本同盟发挥"认证"功能、降低隐性发行成本的另一个渠道。

---

① 此处通过了似无相关检验：Prob > chi2 = 0.036。

表 5.9　风险资本同盟、市场环境与隐性发行成本

Panel A：市场情绪分组						
	（1）	（2）	（3）	（4）	（5）	（6）
	乐观	低迷	乐观	低迷	乐观	低迷
VARIABLES	Underpr1	Underpr1	Mediafee1	Mediafee1	Day	Day
StkQzDum	0.007	−0.073*	−0.024	−0.162***	−0.098	−0.188**
	（0.296）	（−1.755）	（−0.580）	（−3.456）	（−1.089）	（−2.036）
Control	Yes	Yes	Yes	Yes	Yes	Yes
Industry	Yes	Yes	Yes	Yes	Yes	Yes
Year	Yes	Yes	Yes	Yes	Yes	Yes
Observations	310	318	310	318	307	316
R^2	0.225	0.317	0.181	0.183	0.150	0.195
Panel B：经济政策不确定性分组						
	（1）	（2）	（3）	（4）	（5）	（6）
	低	高	低	高	低	高
VARIABLES	Underpr1	Underpr1	Mediafee1	Mediafee1	Day	Day
StkQzDum	−0.041*	−0.132*	−0.010	−0.141***	−0.067	−0.247***
	（−1.652）	（−1.771）	（−0.133）	（−3.376）	（−0.798）	（−2.689）
Control	Yes	Yes	Yes	Yes	Yes	Yes
Industry	Yes	Yes	Yes	Yes	Yes	Yes
Year	Yes	Yes	Yes	Yes	Yes	Yes
Observations	207	358	207	358	207	358
R^2	0.258	0.334	0.221	0.252	0.149	0.184

5.6　进一步分析：风险资本同盟、隐性发行成本与公司质量

　　基于上述分析，本章发现同盟化的风险资本能够对 IPO 公司进行有效"认证"，通过及时有效的信息传递、加强公司内部监督、充当"润滑剂"、抵御不确定性冲击等渠道发挥重要作用，降低信息不对称，从而显著降低公司的 IPO 抑价率、财经公关费及上市时间成本。隐性发行成本的降低对公司而言，不仅大幅度节省了巨额的宣传推介支出，还减少了"留在桌子上的钱"的无

谓损失，缩短了上市时间，极大程度上降低了上市阻力，提高了资本配置效率。随之而来的一个问题是，经风险资本同盟"认证"的公司究竟质量如何呢？宋顺林和辛清泉（2017）、王木之和李丹（2016）研究发现，隐性成本越高的公司，在上市后业绩表现越差，这意味着有风险资本同盟"背书"的公司应该更不容易出现业绩变脸。为了进一步验证上述逻辑，考察风险资本同盟对公司质量的影响，本章构建以下模型（5-2）进行回归分析。

$$\text{Drev} = \beta_0 + \beta_1 X + \beta_2 \text{Control} + \text{Industry} + \text{Year} + \varepsilon \qquad (5\text{-}2)$$

模型（5-2）中的被解释变量为公司的业绩变化（Drev），即上市后一年相对上市前一年的营业收入增长率。解释变量 X 分别采用两类变量。一类是风险资本同盟指标，分别为公司是否有风险资本同盟支持的哑变量（StkQzDum）以及风险资本同盟的数量对数化处理（LSQzNum）；另一类是风险资本同盟分别与三种隐性发行成本的交乘变量（StkQzDum×Day）、（StkQzDum×Mediafee1）、（StkQzDum×Underpr1）。回归结果报告在表5.10中。从列（1）和列（2）的结果来看，风险资本同盟（StkQzDum）及同盟数量（LSQzNum）与公司业绩变化（Drev）在5%水平上呈现显著的正向影响关系，风险资本同盟促进了公司业绩的提升，在上市后一年内并未出现业绩变脸的现象。这体现出风险资本同盟基于"信息溢出"功能而具有的更强专业服务能力，经"同盟"认证的公司确实体现了高资质和高质量的特征。同时，列（3）至列（5）的结果显示，风险资本同盟分别与三种隐性发行成本的交乘变量（StkQzDum×Day）、（StkQzDum×Mediafee1）、（StkQzDum×Underpr1）系数在1%水平上呈现显著的正向影响关系，说明在隐性发行成本一定的情况下，风险资本同盟在边际上提高了公司业绩。这从侧面印证了（王木之 等，2016；宋顺林 等，2017）的研究结论，隐性发行成本越低的公司，代表着公司本身存在的问题越少，质量越高，越不容易出现业绩变脸。这证明风险资本同盟的"背书"向投资者和其他市场参与方传递了利好信号，全方位降低了公司的隐性发行成本，体现出风险资本同盟"认证"的价值。

表 5.10　风险资本同盟、隐性发行成本与业绩变脸

VARIABLES	(1) Drev	(2) Drev	(3) Drev	(4) Drev	(5) Drev
StkQzDum	0.037** (0.015)				
LSQzNum		0.025** (0.011)			

表5.10(续)

VARIABLES	（1） Drev	（2） Drev	（3） Drev	（4） Drev	（5） Drev
StkQzDum * Day			0.009*** （3.130）		
StkQzDum * Mediafee1				0.005** （2.179）	
StkQzDum * Underpr1					0.092*** （2.673）
Control	Yes	Yes	Yes	Yes	Yes
Industry	Yes	Yes	Yes	Yes	Yes
Year	Yes	Yes	Yes	Yes	Yes
Observations	630	630	628	628	628
R^2	0.131	0.134	0.195	0.191	0.193

5.7 稳健性检验

5.7.1 "同盟"的声誉与隐性发行成本

许多学者在研究中发现了高声誉风险资本能够显著提升企业价值。例如，张学勇等（2014）研究发现，中国风险投资持股的公司整体而言并不能起到认证作用，仅有券商背景的风投机构才能显著降低 IPO 抑价率。赵静梅等（2015）、李海霞和王振山（2014）发现高声誉风投机构在提高企业创新效率，降低信息不对称等方面作用明显。从稳健性的角度，本章借鉴（Hochberg et al.，2007；Chemmanur et al.，2012；李严 等，2012；黄娅娜，2018），采用"同盟"伙伴历史投资金额、投资项目数量、成功 IPO 的数量作为度量风险资本同盟声誉的指标，将（StkInvNum）、（StkInvAmt）、（StkIpoNum）作为解释变量，重复模型（5-1）进行回归。风险资本同盟基于多次联合投资形成，优势互补，凝聚力量，其优越性本身就代表着高声誉和高质量。因此，本章预测替换解释变量之后的回归系数仍然应该显著为负。结果报告在表 5.11 中。

表 5.11 风险资本同盟声誉与隐性发行成本

VARS	(1) Underpr1	(2) Underpr1	(3) Underpr1	(4) Mediafee1	(5) Mediafee1	(6) Mediafee1	(7) Day	(8) Day	(9) Day
StkInvNum			-0.012***			-0.024***			-0.006**
			(-3.317)			(-3.055)			(-2.239)
StkInvAmt	-0.003**			-0.008***			-0.016***		
	(-2.167)			(-3.399)			(-3.085)		
StkIpoNum		-0.009**			-0.016***			-0.049***	
		(-2.413)			(-2.813)			(-3.971)	
Control	Yes	Yes	Yes	Yes	Yes	Yes	Yes	Yes	Yes
Industry	Yes	Yes	Yes	Yes	Yes	Yes	Yes	Yes	Yes
Year	Yes	Yes	Yes	Yes	Yes	Yes	Yes	Yes	Yes
Observations	630	630	628	628	628	628	628	628	630
R^2	0.267	0.267	0.188	0.189	0.183	0.134	0.135	0.144	0.267

从表 5.11 的列（1）至列（3）来看，无论是同盟伙伴加总的投资数量（StkInvNum）、投资金额（StkInvAmt）、IPO 数量（StkIpoNum）都在 5% 显著性水平上与 IPO 抑价率（Underpr1）呈现负相关关系。列（4）至列（9）的结果显示，在 1% 显著性水平上呈现出风险资本同盟声誉相关代理变量与财经公关费（Mediafee1）、上市时间成本（Day）的负相关关系。将解释变量替换成风险资本同盟声誉相关指标后，结果仍然保持不变，并且风险资本同盟声誉越高，"认证"功能越突出，进一步说明本章的结论是稳健的。

5.7.2 替换 IPO 抑价率指标

出于稳健性考虑，本章借鉴 Li et al.（2019）用首日收盘价（P_1）与发行价（P_0）之差除以发行价的百分比度量 IPO 抑价率（Underpr2），以及（$1 + R_n$）/（$1 + R_m$）$- 1$ 计算调整后的 IPO 抑价率（Underpr3），其中，R_n 和 R_m 分别是首日回报率和 A 股市场指数。结果报告在表 5.12 中。列（1）和列（4）的结果显示，是否有"同盟"的哑变量（StkQzDum）和"同盟"数量（LSQz-Num）的系数均显著为负，说明同盟化的风险资本显著降低了公司的 IPO 抑价率。替换 IPO 抑价率指标之后，结果仍然和前文的结果保持一致。

表 5.12　替换 IPO 抑价率指标

VARIABLES	（1）Underpr2	（2）Underpr2	（3）Underpr3	（4）Underpr3
StkQzDum	-0.048^{**}		-0.055^{**}	
	（-2.096）		（-2.143）	
LSQzNum		-0.041^{**}		-0.047^{**}
		（-2.441）		（-2.516）
Controls	Yes	Yes	Yes	Yes
Industry	Yes	Yes	Yes	Yes
Year	Yes	Yes	Yes	Yes
Observations	630	630	630	630
R^2	0.268	0.268	0.249	0.250

5.7.3 替换财经公关费计算指标

证监会要求 IPO 公司在股票发行成功之后逐项披露发行费用，包括承销费、注册会计师费、资产评估费、律师费、上网发行费、股票登记费、审核费等7项费用以及其他费用。方军雄（2014）研究发现，其他费用的主要支出方向是支付给媒体等的公关费用。因此，本章参考方军雄（2014），用发行费用中的其他费用作为财经公关费（Mediafee2）的代理变量进行稳健性检验。结果报告在表5.13中。列（1）和列（2）的结果显示，是否有同盟的哑变量（StkQzDum）和同盟数量（LSQzNum）的系数均在1%水平上显著为负，说明同盟化的风险资本显著降低了IPO公司的财经公关费。替换财经公关费指标之后，结果仍然和前文的结果保持一致。

表5.13 替换财经公关费指标

VARIABLES	(1) Mediafee2	(2) Mediafee2
StkQzDum	−0.113 *** (−3.521)	
LSQzNum		−0.071 *** (−2.704)
Control	Yes	Yes
Industry	Yes	Yes
Year	Yes	Yes
Observations	628	628
R^2	0.192	0.185

5.8 本章小结

上市发行成本是影响企业对接资本市场、成功融资、发展壮大的关键因素。高昂的隐性发行成本无形中成为企业上市的沉重"枷锁"，阻碍了企业的价值增值。在深化资本市场改革的大背景下，降低隐性发行成本，合理化成本结构是优化资本市场生态环境、提高资源配置效率和为企业发展注入动力的当务之急。本章以IPO抑价率、财经公关费和上市时间成本系统度量隐性发行成本，从风险资本同盟影响隐性发行成本的视角，研究了风险资本同盟对被投企业在IPO阶段的价值增值效应。

本章研究发现，同盟化的风险资本能够显著降低IPO抑价率、财经公关费和上市时间成本。进一步地，本章发现在公司信息透明度较低、较差的治理环境和市场环境中，风险资本同盟的作用更突出，通过及时准确的信息传递、加强公司内部监督、充当"润滑剂"、抵御不确定性冲击等渠道发挥了"认证"作用，降低了信息不对称，进而系统降低了隐性发行成本。此外，本章还发现有同盟"背书"的公司在上市后较不容易发生业绩变脸，进一步证实了风险资本同盟对降低隐性发行成本的"认证"价值。

我国资本市场发展时间尚短，处于从计划经济向市场经济的转轨时期，中国社会传统文化对资本市场有深刻影响。本章的研究结论证实了"资本同盟"对于被投企业在 IPO 阶段的价值提升效应，对降低企业隐性发行成本、提升新股发行效率、促进资本市场改革具有重要的参考价值。

第一，我国的注册制改革更在稳步推进，本章对新股发行制度改革有重要启示。注册制改革主张提高效率，优化市场环境，降低发行成本。本章尝试提出了降低隐性发行成本、提高新股发行效率的方法之一。虽然在企业上市的过程中，不同规模、行业的企业发行成本会有差异性，但是提高公司质量和规范运营，并通过一定渠道将公司价值准确进行信息传递可以从内源角度影响隐性发行成本。风险资本同盟通过有效"认证"提升企业价值，增强投资者认可。监管方应该发掘、培育更多资本市场中的参与方成为高声誉的"认证方"，并积极鼓励和引导其更好地发挥"认证"作用，从根源上降低隐性发行成本，提高资源配置效率。

第二，本章的研究发现意味着，资本联结的力量并非总是负面的，"资本同盟"明显的信息、资源优势和声誉优势，在减轻信息不对称、降低公司的隐性发行成本、提升公司价值方面能够起到重要作用。监管机构需要全方位总结、分析、识别各种场景中的"资本同盟"，重视和认清资本力量的边界。一方面，要有效利用资本的力量整合资源，助力企业价值增值，提高资本市场资源配置效率；另一方面，也要防止"资本同盟"的裙带势力、拉帮结派可能诱发市场资源错配。监管机构需要构建"资本同盟"违法负面清单，对其进行动态监管，提高"同盟"违法成本，引导资本力量的有序竞争，规范"资本同盟"的运作。

6 风险资本同盟与资产误定价：基于被投企业市场价值偏离内在价值的视角

6.1 引言

为了降低投资风险，风投机构之间强强联合（Lerner，1994；Cestone et al.，2007；Casamatta et al.，2007），在多次结盟中资源共享，利益深度绑定，极易形成"同盟"（罗家德 等，2014；罗吉 等，2017）。风投机构是理性经济人，自然同其他资本一样追逐利益。风投资本需要在二级市场上减持才能"落袋为安"，获取高额利润，股价自然是其关注的重点。

在企业 IPO 阶段，本书发现了风险资本同盟具有"认证"功能，可以减少信息不对称，降低隐性发行成本，带来积极的被投企业价值增值效应。那么，风险资本同盟在被投企业上市后会如何影响被投企业市场价值，是否会纠偏资产错误定价呢？目前，学术界侧重于关注风投机构价格发现的效率功能（张学勇 等，2011；Brav et al.，2000），却忽视了由"资本同盟"利益攫取而衍生出的公平问题。本章将从风险资本同盟如何影响上市公司市场价值与内在价值偏离的视角切入进行研究。资本的力量究竟会激浊扬清，使股票价格回归价值，还是推波助澜，加剧股票价值的高估，在创造公司高市值的同时有利于自身的成功退出呢？倘若"资本同盟"以不合理的方式干预价格，不仅会冲击风投行业的发展轨迹，也会降低资本市场的资源配置效率，甚至诱发危害国家安全的重大金融事件。

鉴于此，本章选取了清科私募通数据库（PEdata）2009—2019 年的中国风险投资数据，采用多次联合投资的数据构建风险资本同盟指标，体现了资本抱团的同盟化特征。在此基础上，进一步识别出在企业上市当年及前两年有风险资本同盟支持、在 A 股以 IPO 方式退出的企业信息以及每个被投企业背后的风险资本同盟，基于被投企业市场价值偏离内在价值的视角，研究了风险资本同盟对被投企业股票资产误定价的影响。

资产误定价是指在各种因素的影响下，股票价格偏离其内在价值的现象（Fisher et al.，1984）。从文献来看，影响资产误定价有内外两方面因素：一是基于信息不对称理论，从公司内部找寻原因，研究信息披露质量（Nanda et al.，1999；徐寿福 等，2015）、盈余管理（王生年 等，2017）等因素的影响。二是外部驱动，例如投资者认知偏差（De Long et al.，1990；Daniel et al.，1998）、有限套利（Shleifer et al.，1997）、卖空限制（李科 等，2014）、媒体情绪（游家兴 等，2012）等。事实上，资本的力量既可能激浊扬清，通过上述渠道推动企业市场价值回归基础价值，又可能推波助澜，加剧企业市场价值的高估。如果风险资本同盟通过正常和理性的方式纠偏价格，无疑有利于资源配置效率的提升。然而，现实中"矫枉"常常"过正"。如果"资本同盟"通过不合理的手段推高股价，由此诱发出资本错配的不公平问题，不仅会侵害普通投资者的利益，阻碍新兴市场规范发展，而且一旦形成"资本同盟"的不良风气，则会影响金融市场的长期稳定，这是一个迫在眉睫的重要问题。

本章的研究可能具有如下学术贡献：

第一，本章的研究拓展了风投领域联合投资的研究框架，对探讨风险资本在公司上市后如何在资本市场发挥作用、影响公司市场价值增值的文献进行了有益补充。目前，利用国内风投真实交易数据研究风险投资的参与对公司资本市场表现影响的文献仍然较为匮乏，很多文献仍然聚焦在探讨风投机构在公司未上市阶段发挥的作用。一方面因为中国风投数据较少，尚未引起学者的关注，另一方面风险投资属于私募基金，投资、管理等信息仅限于内部交流。同时，上述问题的实证研究的结论存在较大差异（张学勇 等，2011；张学勇 等，2016；陈工孟 等，2011；谈毅 等，2009），从风险资本联合投资视角的研究相对更少（冯照桢 等，2016；唐霖露 等，2015），鲜有文献从股票资产误定价切入，探讨风险资本同盟对被投企业市场价值的增值效应。本章以中国"差序格局"的"同盟关系"为背景，借助风投联合投资抱团成为"同盟"这一独特视角，探索同盟化的风险资本如何在利益驱动下助推企业市值膨胀，揭开风险资本同盟参与资本市场定价的机理，引发对效率与公平问题的思考，对辩证地看待"资本同盟"在不同阶段的价值增值效应有所启发。

第二，本章的研究是对资产错误定价成因相关文献的有益补充。目前对资产误定价成因的研究主要聚焦在公司内部及外部市场因素。外部因素主要从噪音交易者、有限套利、卖空限制以及行为金融学等角度（De Long et al.，

1990；Shleifer et al.，1997；李科 等，2014；游家兴 等，2012），内部原因主要从管理层的盈余管理活动、会计信息披露质量、CSR 报告强制披露等角度出发（Nanda et al.，1999；Healy et al.，2001；王生年和朱艳艳，2017；许罡，2020）。鲜有文献从风险资本这一特殊的持股股东行为切入。风险资本的特殊性在于既可以参与公司经营管理，又可以从多渠道影响外部市场。而基于风险资本多次联合投资形成的风险资本同盟很可能会对资本市场的定价产生不同影响，究竟是激浊扬清还是推波助澜？本章对进一步厘清资产误定价的成因、促进风投行业和资本市场的良性健康发展有重要的理论和实践指导意义。

本章余下的内容安排如下：第二部分在进行理论分析的基础上提出研究假设，第三部分介绍研究设计，第四部分至第六部分为实证结果分析、内生性分析和稳健性检验，第七部分为本章小结。

6.2　理论分析与研究假设

资产误定价"金融异象"对有效市场理论提出了挑战。在有效市场假说下，信息传递及时准确，投资者完全理性，一切有价值的信息都充分地反映在股价走势中，价格能够准确反映资产内在价值。在完美的有效市场中，资产误定价要么是一个暂时的现象，由于套利者的存在价格很快就会回归到真实价值（Friedman，1953），要么被视为不能被资产定价模型所解释的对系统性风险补偿的部分（Fama et al.，1993）。然而在现实中，股票价格偏离其内在价值的误定价现象在各国成熟资本市场和新兴市场中都比比皆是。中国资本市场作为一个新兴和转轨市场，股票高估值现象更加突出（花贵如 等，2011）。现有文献对资产误定价的原因进行了研究，主要有两类。第一类研究单纯从外部市场的角度切入，从噪音交易者、有限套利、卖空限制以及行为金融学等角度进行分析（De Long et al.，1990；Daniel et al.，1998，游家兴 等，2012；李科 等，2014；张静，2017；方毅 等；2021）。第二类研究认为资产误定价并不单单是外部市场的因素导致的，基于信息不对称理论，从公司内部切入进行分析，研究管理层的盈余管理活动、会计信息披露质量等对资产误定价的影响（Healy et al.，2001；Pantzalis et al.，2014；赵玲 等，2019；许罡，2020）。

风险资本是特殊的持股股东，既可以行使权力参与公司经营管理，也可以充分利用市场的力量影响股价，从理论上讲，它从内外两个方面都可能影响资产误定价程度。尤其是风投资本需要在二级市场上减持才能"落袋为安"、获取高额利润，股价自然是其关注的重点。目前风险投资领域的研究主要集中在公司未上市阶段发挥的作用。很多文献只是单纯假设风险投资会在上市后迅速退出，而忽略了在中国由于锁定期较长及减持的现实困难，或者受到 IPO 暂停等行政监管的干扰、可以持续获利等原因，许多风投在上市解禁后相当一段时间仍会继续持有股份（吴超鹏 等，2012；罗炜 等，2017；冯怡恬 等，2019）。

中国"差序格局"的文化土壤孕育了越来越多"抱团"的联合投资"派系"（周育红 等，2014）。风险资本同盟基于多次联合投资的真实投资关系结成，经过反复筛选、认证，结成更为信任、忠诚的格局。风投机构纵然具有价格发现的效率功能（张学勇 等，2011；Brav et al.，2000），但"资本同盟"对利益的追逐极可能衍生出公平问题。在不同的阶段，"资本同盟"极可能表现出不同的利益诉求和行为准则。比如，在顺利通过上市审核前，"自利"的动机和"共赢"的经济利益相辅相成。学者们公认风投机构在"投、管"过程中具有"自利"与"利他"并存的价值增值效应，比如通过专业的管理经验、广泛的资源网络、参与战略制定、经营管理、公司治理提升被投企业价值（Brander et al.，2002；Fried et al.，1998；Cyr et al.，2000；Davila et al.，2005），把握市场最佳时机，帮助被投企业"择时"上市（Lerner，1994）等。但显然，这些都是为了顺利退出而夯实基础。只有在基金设立契约期实现成功退出，获取高额回报，及时向有限合伙人分配利益，风投机构才能建立或维护自身声誉，以方便持续募资。在顺利上市之后，风投机构会尽可能创造有利条件退出（蔡宁，2015），与被投企业也可能因为不一致的目标而产生利益冲突，追逐资本"自利"动机的价值增值是"资本同盟"考虑的首要因素。

一方面，同盟化的风险资本利益深度绑定，具有较高的目标一致性，在企业内部掌握着更强大的话语权。"同盟"内部有共同的价值观念和行为规范，一致的标准和态度可以激发成员维护共有价值的合作倾向，同时也有助于预期目标的建立（Ostrom，2000）。这种目标能够促进"同盟"的信任关系和结构的稳定性。同盟内的成员被赋予特定的角色和权利义务，并用同盟内的标准和规则来进一步作用于共同的价值认同和忠诚度，以维护小团体利益。倘若风险资本同盟形成一定的势力，不排除会绑架公司管理层或与其合谋推高股价。吕长江等（2011）发现公司经理人为了帝国构建、获取更高报酬等私利目的有动机去推高或维持高股价，进行盈余操纵。蔡宁（2015）论证了有风投机构投资的公司在上市后的盈余管理程度高于没有风投支持的公司，主要是为顺利退出创造有利条件。

另一方面，风险资本同盟凭借各成员的社会影响力，拥有更大的市场力量。"同盟"的人际关系具有投资性和获利性（Lin et al.，2001），由于对长期信任关系的投资，"同盟"成员的关系更紧密、忠诚，调动处于关系中的个体或群体的资源也更便捷、有效。"同盟"的信号显示作用能够吸引更多高资质投资者和市场参与者的关注和追捧，比如媒体、机构投资者等，渲染乐观的市场情绪。

中国资本市场起步较晚，尚处于新兴发展和转轨时期。一方面，参与门槛较高，交易品种有限，卖空机制还未成熟建立，绝大部分投资者都只能依赖价格上涨获利。另一方面，我国资本市场信息不透明程度仍然较高，中小投资者投资经验尚不成熟，获取信息的渠道也十分有限，常常依赖于舆论意见和市场流言，缺乏主观理性判断，容易效仿高资质投资者的行为，跟随所谓的"优势意见气候"，追涨杀跌，跟风行为突出。因此，我们推测风险资本同盟要想在上市后成功减持退出，最有利的情形就是尽可能调动"同盟"资源，发挥同盟内伙伴"拔刀相助"的重要作用，对公司有利的价值信息进行渲染和信号显示，推动公司股价高估，触发市场投资者的乐观情绪，产生共振，在羊群效应的带动下使股价进一步上扬，加剧股价的向上偏离程度。反之，从理论上分析，当公司股价被低估时，风险资本同盟可能有动机让股价回归基础价值，降低资产误定价程度。但现实情况是，当股价因各种原因被低估时，投资者可能做出更强烈的情绪反应，导致股价进一步下跌。Kanhneman 和 Tversky（1979）发现投资者面临损失时更偏好冒险。因此，风险资本同盟的努力成本和回报很可能不成正比，或者对于减持退出的收效甚微。我们推测，在市场价格被低估时，很可能风险资本同盟会选择放弃干预。因此，本章提出如下假设：

假设 6-1A：在其他因素都相同的条件下，风险资本同盟会推波助澜，抬高公司股价，加剧正向的资产误定价程度，而对负向的资产误定价程度没有显著影响。

风险资本同盟可以更好地发挥服务、监督功能，成员间的互惠关系和努力程度在"同盟"的作用下有所提高（Bachmann et al., 2006；Hopp et al., 2011；温军 等，2018），能够更好地提供增值服务，有助于被投公司运营效率的提升。同盟内熟悉伙伴之间的合作可以一定程度上避免"搭便车"、创新攫取等问题。倘若同盟化的风险资本在上市退出阶段继续发挥"认证"作用，会加强对公司的监督，降低盈余管理程度（Baker et al., 2003；Ball et al., 2008）、抑制过度投资和缓解投资不足（吴超鹏 等，2012）、改善董事会治理结构、提高公司治理水平（胡刘芬 等，2014）、降低代理成本和信息不对称程度，从而有利于外部投资者发掘公司的真实价值。当公司价值高估或低估时，同盟化的风险资本会发挥作用矫正偏差，有利于公司的市场价值向真实价值回归，降低资产误定价程度。因此，本章提出如下假设：

假设 6-1B：在其他因素都相同的条件下，当公司股价被高估或低估时，风险资本同盟都会使股价向基础价值回归，降低资产误定价程度。

6.3 研究设计

6.3.1 数据说明

本章选取了中国风险投资机构 2009—2019 年的数据进行研究，数据来自清科私募通数据库（PEdata）中的"机构""投资事件"与"退出事件"三个子库。参考吴超鹏等（2012），国内对风险投资（Venture Capital）与私募股权投资（Private Equity）并未加以明显区分，本章选取了清科私募通数据库"机构"子库中机构类型为 PE、VC 的风险投资机构进行研究。本章主要研究同盟化的风险资本对 A 股资本市场中股票资产错误定价的影响，因此从"投资事件"与"退出事件"子库进一步识别出了在公司上市当年及前两年有风险资本同盟支持、在 A 股以 IPO 方式退出的公司信息。风险资本同盟的构建采用的是第四章所述方法，公司股价表现和财务数据等相关信息从国泰安（CSMAR）数据库获得。文中所有连续变量均采用 1% 和 99% 水平的缩尾（Winsorize）处理，以消除极端值的影响。最后，将风险资本同盟的信息与 IPO 公司信息进行匹配。参考（Pantzalis et al.，2014；游家兴 等，2012）等，本书采用的是季度数据进行资产误定价指标的计算。在剔除相关变量数据缺失的样本后，本章最终获得了 829 个企业共计 7 739 个样本信息。

6.3.2 变量定义与描述性统计

6.3.2.1 变量定义

（1）上市公司背后的风险资本同盟

本章定义一定时期内，在风险资本市场中多次共同投资同一个项目的风投机构为风险资本同盟。本章采用以下方法构建风险资本同盟并识别出上市公司背后的"资本同盟"：

第一步，本章根据过去三年的联合投资信息，识别出与风险投资机构 A 共同投资 3 次及以上的伙伴机构 B、C、D 等，以此识别 A-B、A-C、A-D 等分别是 A 的"同盟"。

第二步，计算以机构 A 为中心的"同盟" A-B、A-C、A-D 的个数，以此衡量机构 A 的"同盟"广度。再计算 A 的同盟内伙伴 B、C、D 等在过去三年的投资数量、投资金额、IPO 数量之和，以此衡量机构 A 的"同盟"能量。再采用滚动时间窗口的方法，每一个窗口期进行重新识别，得到动态调整的风险资本同盟指标。

第三步，找出在样本区间，有风投机构支持的在 A 股以 IPO 方式退出的公司信息。将 IPO 当年及前两年的风险资本同盟信息与公司信息进行匹配，识别出公司背后有无风险资本同盟的支持及计算出"同盟"的数量、"同盟"的能量。

从实务层面来看，投资能力、投资成果和退出回报几个维度经常被作为风投机构竞争力和综合表现评估体系的核心要素来考察和评估风险投资机构。从实证分析来看，投资金额、投资项目数量、成功 IPO 的数量可以作为度量风投机构实力和能量的重要指标（Hochberg et al.，2007；Chemmanur et al.，2012；李严 等，2012；黄娅娜，2018）。为了更加全面地分析上市公司背后的风险资本同盟，本章构建了三类变量来刻画。一是公司是否有风险资本同盟投资的哑变量（StkQzDum），如果公司有大于等于一个有"同盟"的风投支持等于 1，否则为 0；二是公司背后的"同盟"数量（StkQzNum）；三是"同盟"的能量，参考（Hochberg et al.，2007；Chemmanur et al.，2012；李严 等，2012；黄娅娜，2018），分别用一定时期内风投机构 A 的同盟伙伴加总的投资数量对数化处理（StkInvNum）、投资金额对数化处理（StkInvAmt）、IPO 数量对数化处理（StkIpoNum）来衡量。

（2）资产误定价程度

因为公司的内在价值无法直观地观测，如何对资产误定价进行计量是实证金融的一个难题。本章主要采用 Feltham 和 Ohlson（1995）建立的剩余收益估值法进行计量。这种方法根据公司自身的核心财务指标进行公司内在价值的估算，估计时噪声较小，被学术界广泛认可和采用（Dong et al.，2006；游家兴 等，2012；徐寿福 等，2015）。在稳健性检验的部分，本章分别借鉴了 Rhodes-Kropf et al.（2005）的计算方法，以行业平均水平为基准来计算资产误定价程度，以及参考（Chemmanur et al.，2012；杨开元 等，2013；尹玉刚 等，2018）等，从市场异象的角度测算公司股价的超额异常收益，并采用 CAPM（1964）、Fama-Frech 三因子（1993）和 Carhart 四因子模型（1997）进行验证。

第一步，按照式（6-1）计算剩余收益。

$$RR_{it} = EPS_{it} - r_t * ROS_{it} \qquad (6-1)$$

其中，RR_{it} 即为公司 i 在 t 期的剩余收益，EPS_{it} 是公司 i 在 t 期普通股每股收益，

r_t 是贴现率，用一年期无风险收益率作为代理变量，ROS_{it} 是公司 i 在 t 期的每股净资产。

第二步，对式（6-2）和式（6-3）进行回归，提取出回归系数 α_1、α_2、β_1。

$$RR_{i,\,t+1} = \alpha_1 + \alpha_2\,RR_{it} + \alpha_3\,ROS_{it} + \varepsilon_{i,\,1t+1} \tag{6-2}$$

$$ROS_{i,\,t+1} = \beta_1\,ROS_{it} + \varepsilon_{i,\,2t+1} \tag{6-3}$$

第三步，按照式（6-4）计算出 γ_1、γ_2、γ_3 的参数值。

其中，$\gamma_1 = \alpha_1 / [\,(1 + r - \alpha_2) \times r\,]$，$\gamma_2 = \alpha_2 / [\,(1 + r - \alpha_2) \times r\,]$

$$, \gamma_3 = \alpha_2 / [\,(1 + r - \beta_1) \times r\,] \tag{6-4}$$

第四步，将 γ_1、γ_2、γ_3 代入式（6-5）进行公司内在价值 V_{it} 的计算。

$$V_{it} = \gamma_1 + \gamma_2\,RR_{it} + \gamma_3\,ROS_{it} \tag{6-5}$$

最后，将同期股价 P_{it} 与公司内在价值 V_{it} 相除并取自然对数，得到公司在第 t 期的资产误定价程度（Mis1）。

$$Mis1 = \ln\left(\frac{P_{it}}{V_{it}}\right)$$

如果资产误定价程度（Mis1）为正，则表明股价向上偏离公司内在价值；如果为负，则表明股价向下偏离公司内在价值。资产误定价程度（Mis1）绝对值越大，表明偏离程度越高。

（3）控制变量

参考（Pantzalis et al.，2014；Tian，2012；王生年 等，2017；许罡，2020）等，我们采用广泛被使用的以下变量作为控制变量：季度末公司资产对数化处理（Size）、季度末公司净资产收益率（ROE）、公司主营业务收入增长率（Growth）、公司账面市值比（BM）、季度末股东股权集中度（Hhi）、公司董事会人数（BoaNum）、公司是否属于高风险行业的哑变量（HigInd）、公司从成立到 IPO 历经年限对数化处理（Age）、中国经济政策不确定性指数对数化处理（Epu）、季度末公司资产负债率（Lev）、公司独立董事人数比例（IndBNum）、公司第一大股东持股比例（First）等。同时，在稳健性部分，为了进一步排除一些可能的遗漏因素，比如股价的黏性（动量或反转）、市场的投资者情绪触发投资者非理性行为、股价暴涨暴跌等对资产误定价程度的影响，参考（游家兴 等，2012），我们加入上季度末收盘价（CloP）、投资者情绪指数（Mood）以及季度日收益率计算的负偏度指标（Ncskew）作为控制变量。表6.1 为主要变量定义。

表 6.1 主要变量定义表

变量名称	变量符号	变量定义	计算方法
因变量	Mis1	资产误定价程度	采用 Feltham 和 Ohlson（1995）建立的剩余收益估值法进行计算
风险资本同盟相关变量	StkQzDum	公司是否有风险资本同盟投资的哑变量	如果是，则等于 1，否则为 0
	LSQzNum	风险资本同盟数量对数化处理	
	LSInvNum	风险资本同盟伙伴投资企业数量对数化处理	
	LSInvAmt	风险资本同盟伙伴投资企业金额对数化处理	
	LSIpoNum	风险资本同盟伙伴成功 IPO 数量对数化处理	

表6. 1（续）

变量名称	变量符号	变量定义	计算方法
	Size	公司资产对数化处理	
	ROE	公司净资产收益率	季度净利润/季度末净资产
	Hhi	公司股东股权集中度	
	BoaNum	公司董事会人数对数化处理	
	HigInd	公司是否属于高风险行业的哑变量	如果是，则等于1；否则为0
控制变量	First	公司第一大股东持股比例	
	Age	公司从成立到IPO历经年限对数化处理	
	Epu	中国经济政策不确定性指数对数化处理	
	BM	公司市值账面比	季度末企业市值/账面价值
	Lev	公司杠杆率（%）	季度末企业总资产除以权益资本
	IndBNum	公司独立董事人数比例	
	Growth	季度公司主营业务增长率	

6.3.2.2 描述性统计

表 6.2 列示了主要变量的描述性统计结果。考虑到同盟化的风险资本对正向资产误定价程度与负向资产误定价程度的影响极可能具有不对称性，本章在实证部分分别研究了风险资本同盟对正向资产误定价及负向资产误定价的影响。

表 6.2 主要变量描述性统计

Panel A：Mis1≥0					
变量名	平均值	最小值	最大值	标准差	样本量
Mis1	0.638	0.000	3.110	0.471	5 481
StkQzDum	0.732	0.000	1.000	0.443	5 481
LSQzNum	0.746	0.000	2.773	0.559	5 481
LSInvNum	5.791	0.000	10.870	3.619	5 481
LSInvAmt	9.022	0.000	16.110	5.577	5 481
LSIpoNum	3.409	0.000	8.006	2.290	5 481
Age	2.686	1.609	4.127	0.333	5 481
Size	21.370	19.560	25.650	0.847	5 481
Lev	1.608	1.011	28.710	0.842	5 481
Growth	0.192	−2.064	42.400	1.013	5 481
ROE	0.056	−0.406	0.742	0.059	5 481
BM	0.230	0.013	1.164	0.120	5 481
First	0.34	0.075	0.811	0.138	5 481
BoaNum	2.129	0.000	2.996	0.331	5 481
IndBNum	0.369	0.000	0.750	0.115	5 481
Hhi	0.179	0.026	0.661	0.103	5 481
Epu	5.907	4.303	6.765	0.694	5 481
HigInd	0.292	0.000	1.000	0.455	5 481
Panel B：Mis1<0					
变量名	平均值	最小值	最大值	标准差	样本量
Mis1	−0.293	−1.410	0.000	0.211	2 258
StkQzDum	0.683	0.000	1.000	0.466	2 258

变量名	平均值	最小值	最大值	标准差	样本量
Panel B：Mis1<0					
LSQzNum	0.696	0.000	2.079	0.552	2 258
LSInvNum	5.420	0.000	10.210	3.798	2 258
LSInvAmt	8.383	0.000	15.010	5.829	2 258
LSIpoNum	3.319	0.000	7.083	2.446	2 258
Age	2.722	1.609	3.714	0.339	2 258
Size	21.360	19.520	25.010	0.751	2 258
Lev	1.734	1.014	14.020	0.908	2 258
Growth	0.818	−0.991	12.940	2.727	2 258
ROE	0.050	−0.692	0.318	0.051	2 258
BM	0.503	0.154	1.904	0.194	2 258
First	0.341	0.073	0.777	0.126	2 258
BoaNum	2.110	0.000	3.045	0.389	2 258
IndBNum	0.364	0.000	0.750	0.126	2 258
Hhi	0.168	0.025	0.609	0.089	2 258
Epu	6.004	4.303	6.765	0.785	2 258
HigInd	0.109	0.000	1.000	0.311	2 258

其中，Panel A 显示了资产误定价程度向上偏离（Mis1≥0）的样本描述性统计的结果。采用剩余收益估值法计算的资产误定价程度（Mis1）的平均值为 0.638。资产误定价程度（Mis1）的最大值达到 3.11，说明有些公司的市场定价被极大地推高了。从解释变量来看，在风险资本联合投资并成功通过 IPO 退出的公司中，平均有 73.2% 的样本公司背后有风险资本同盟的支持，说明在风投产业中"同盟化"现象十分突出。"同盟"数量对数化处理的均值为 0.746。"同盟"伙伴的力量呈现出较大的差异，平均来看，"同盟"伙伴的投资数量对数化处理为 5.791、投资金额投资数量对数化处理为 9.022、IPO 数量对数化处理为 3.409。

Panel B 显示了资产误定价程度向下偏离（Mis1<0）的样本描述性统计的结果。这部分样本量为 2 258，远远小于资产误定价程度向上偏离的样本量

5 481，这符合我国资本市场的现实状况，在样本公司中股价高估的现象更为突出。资产误定价程度（Mis1）的平均值为-0.293。从解释变量来看，在风险资本联合投资的样本公司中，平均有 68.3% 的公司背后有同盟化的风险资本支持。"同盟"数量对数化处理的均值为 0.696，"同盟"伙伴的能力衡量指标的均值分别为，"同盟"伙伴的投资数量对数化处理为 5.42、投资金额投资数量对数化处理为 8.383、IPO 数量对数化处理为 3.319。

6.4 实证结果分析

6.4.1 风险资本同盟与资产误定价

为了全方位考察同盟化的风险资本对资产误定价的影响，本章首先将被投企业研究样本分为有"同盟"组和无"同盟"组，进行单变量检验。其次，考虑到同盟化的风险资本对资产误定价程度的影响具有不对称性，本章分别检验风险资本同盟对正向的资产误定价及负向的资产误定价的不同影响。

表 6.3 报告了分组单变量检验的结果。Panel A 是资产误定价程度向上偏离（Mis1 ⩾ 0）的样本的单变量检验结果。可以看出，列（1）中有"同盟"组资产误定价程度的平均值高达 0.625，而无"同盟"组的均值为 0.572，两组均值差异在 1% 的水平下显著为正。Panel B 是资产误定价水平向下偏离的公司（Mis1 < 0）分组检验结果。列（1）报告有"同盟"组资产误定价程度的平均值为 -0.284，而无"同盟"组的均值为 -0.313，两组均值差异不显著。从结果初步来看，当公司市价被高估时，风险资本同盟提高了资产误定价向上偏离的程度，助推了价格的进一步上扬。当市场定价被低估时，有"同盟"组的偏离程度与无"同盟"组的偏离程度差异不显著。这一结果初步表明，风险资本同盟对股价的推高起到了推波助澜的作用。

表 6.3　单变量检验

Panel A：Mis1 ⩾ 0	（1）	（2）	（3）	（4）
	有同盟组	无同盟组	有同盟-无同盟	t-value
Mis1	0.625	0.572	0.053	4.213***
Panel B：Mis1 < 0	（1）	（2）	（3）	（4）
	有同盟组	无同盟组	有同盟-无同盟	t-value
Mis1	-0.284	-0.313	0.029	1.308

表 6.3 的单变量检验没有控制资产误定价的其他影响因素。为了进一步验证本章的假设，我们采取模型（6-6）进行回归分析。其中，被解释变量 $Mis1_{it}$ 是季度末公司股票的资产误定价程度。我们关注的解释变量风险资本同盟 X_{it} 用三类变量进行刻画。是否有"同盟"的哑变量（StkQzDum）、"同盟"的数量对数化处理（StkQzNum）以及"同盟"的能量，分别用"同盟"伙伴的投资数量对数化处理（StkInvNum）、投资金额对数化处理（StkInvAmout）、IPO 成功次数对数化处理（StkIpoNum）作为代理变量。该变量指标越大，说明"同盟"能量越高。

参考 Pantzalis 和 Park（2014）、王生年和朱艳艳（2017）、许罡（2020）等，我们选取了以下广泛使用的变量作为控制变量，季度末公司资产对数化处理（Size）、季度末公司净资产收益率（ROE）、公司主营业务收入增长率（Growth）、公司账面市值比（BM）、季度末股东股权集中度（Hhi）、公司董事会人数（BoaNum）、公司从成立到 IPO 历经年限对数化处理（Age）、季度末公司资产负债率（Lev）、公司独立董事人数比例（IndBNum）、公司第一大股东持股比例（First）。此外，风险资本热于投资高风险行业，而高风险性及经济政策的不确定性都会对市场的方方面面产生影响，从而影响资产误定价程度。因此，本章加入公司是否属于高风险行业的哑变量（HigInd）、中国经济政策不确定性指数对数化处理（Epu）作为控制变量。同时，也控制了行业和年度固定效应。表 6.4 与表 6.5 分别报告了风险资本同盟对正向资产误定价及负向资产误定价样本的回归结果。

$$Mis1_{it} = \beta_0 + \beta_1 X_{it} + \beta_2 Control_{it} + Industry_i + Year_t + \varepsilon_{it} \qquad (6\text{-}6)$$

从表 6.4 的回归结果来看，风险资本同盟变量的系数在统计上均显著为正，说明风险资本同盟提高了正向错误定价程度。从列（1）可以看出，有风险资本同盟（StkQzDum）的上市公司比无"同盟"的公司，资产误定价程度明显提高了 2.2%。列（2）中经济含义为，"同盟"数量（StkQzNum）每增加 1%，资产误定价程度提高 3.1%。列（3）至列（5）中也显示"资本同盟"力量显著推高了股价，"同盟"数量（StkInvNum）、投资金额（StkInvAmout）、IPO 成功次数（StkIpoNum）每增加 1%，误定价程度分别提高 0.3%、高 0.2%、0.4%。

表 6.4 的结果进一步支持了假设 6-1A：同盟化的风险资本推高了公司的市场估值，使得公司市场价值更大程度偏离公司基础价值，加剧了正向的资产误定价程度。从控制变量来看，公司规模（Size）的系数从列（1）到列（5）均显著为正，说明规模越大的公司，资产定价偏离基础价值越严重。公

司是否属于高风险行业的哑变量（HigInd）系数显著为正，说明高风险行业的公司资产误定价程度越高；而中国经济政策不确定性指数（Epu）系数均显著为负，说明经济政策不确定较低时，股价高估越严重。

表 6.4　风险资本同盟与资产误定价（正向）

VARIABLES	（1） Mis1	（2） Mis1	（3） Mis1	（4） Mis1	（5） Mis1
StkQzDum	0.022 *** (2.780)				
LSQzNum		0.031 *** (4.481)			
LSInvNum			0.003 *** (3.591)		
LSInvAmt				0.002 *** (3.571)	
LSIpoNum					0.004 *** (2.709)
Age	−0.027 ** (−2.426)	−0.024 ** (−2.230)	−0.027 ** (−2.432)	−0.027 ** (−2.445)	−0.026 ** (−2.383)
Size	0.344 *** (32.431)	0.340 *** (31.550)	0.344 *** (32.336)	0.344 *** (32.345)	0.344 *** (32.370)
Lev	−0.137 *** (5.491)	−0.136 *** (−5.485)	−0.137 *** (−5.498)	−0.137 *** (−5.495)	−0.137 *** (−5.493)
Growth	−0.012 *** (−2.629)	−0.012 *** (−2.611)	−0.012 *** (−2.617)	−0.012 *** (−2.616)	−0.012 *** (−2.617)
ROE	−1.788 *** (−16.635)	−1.775 *** (−16.580)	−1.789 *** (−16.665)	−1.790 *** (−16.661)	−1.787 *** (−16.662)
BM	−3.464 *** (−43.834)	−3.455 *** (−43.784)	−3.463 *** (−43.864)	−3.463 *** (−43.867)	−3.462 *** (−43.800)
First	−0.274 *** (−3.296)	−0.289 *** (−3.490)	−0.275 *** (−3.308)	−0.274 *** (−3.306)	−0.276 *** (−3.321)
BoaNum	0.020 * (1.782)	0.019 * (1.686)	0.020 * (1.801)	0.020 * (1.817)	0.019 * (1.746)
IndBNum	−0.051 (−1.527)	−0.047 (−1.410)	−0.050 (−1.496)	−0.050 (−1.518)	−0.048 (−1.435)

VARIABLES	（1） Mis1	（2） Mis1	（3） Mis1	（4） Mis1	（5） Mis1
Hhi	0.459***	0.489***	0.463***	0.462***	0.463***
	（3.919）	（4.178）	（3.959）	（3.953）	（3.952）
Epu	−0.051***	−0.051***	−0.051***	−0.051***	−0.051***
	（−4.106）	（−4.145）	（−4.107）	（−4.109）	（−4.110）
HigInd	0.055***	0.055***	0.055***	0.055***	0.056***
	（5.673）	（5.683）	（5.615）	（5.611）	（5.728）
Constant	−5.453***	−5.359***	−5.438***	−5.440***	−5.445***
	（−25.854）	（−25.005）	（−25.765）	（−25.775）	（−25.794）
Year	YES	YES	YES	YES	YES
Industry	YES	YES	YES	YES	YES
Observations	5 481	5 481	5 481	5 481	5 481
R^2	0.699	0.700	0.699	0.699	0.699

表6.5的结果显示，列（1）至列（5）风险资本同盟系数在统计上均不显著，说明风险资本同盟对负向的资产误定价并没有统计上的显著影响。这可能源于在股价被低估时，抬高股价的成本高昂，而减持退出的收效甚微。这种影响的不对称性与假设6-1A的预期相符合。在本章后面的部分，将着重讨论同盟化的风险资本如何影响公司股票的正向错误定价。

表6.5　风险资本同盟与资产误定价（负向）

VARIABLES	（1） Mis1	（2） Mis1	（3） Mis1	（4） Mis1	（5） Mis1
StkQzDum	0.005				
	（0.860）				
LSQzNum		−0.006			
		（−1.189）			
LSInvNum			0.001		
			（0.878）		
LSInvAmt				0.001	
				（0.940）	
LSIpoNum					0.001
					（0.725）

表6.5(续)

VARIABLES	（1） Mis1	（2） Mis1	（3） Mis1	（4） Mis1	（5） Mis1
Age	0.011 （1.187）	0.010 （1.167）	0.011 （1.208）	0.011 （1.201）	0.011 （1.208）
Size	0.223*** （19.992）	0.224*** （19.986）	0.223*** （20.005）	0.223*** （19.988）	0.224*** （20.026）
Lev	−0.125*** （−10.253）	−0.125*** （−10.208）	−0.125*** （−10.258）	−0.125*** （−10.256）	−0.125*** （−10.257）
Growth	0.001*** （6.550）	0.001*** （6.982）	0.001*** （6.721）	0.001*** （6.668）	0.001*** （6.760）
ROE	−0.739*** （−4.426）	−0.745*** （−4.473）	−0.738*** （−4.421）	−0.738*** （−4.422）	−0.7386*** （−4.423）
BM	−1.054*** （−23.351）	−1.056*** （−23.272）	−1.054*** （−23.366）	−1.054*** （−23.356）	−1.055*** （−23.391）
First	−0.168** （−2.108）	−0.167** （−2.089）	−0.169** （−2.121）	−0.168** （−2.115）	−0.170** （−2.134）
BoaNum	0.001 （0.172）	0.001 （0.146）	0.001 （0.175）	0.001 （0.177）	0.001 （0.177）
IndBNum	0.018 （0.737）	0.017 （0.701）	0.018 （0.729）	0.018 （0.727）	0.018 （0.730）
Hhi	0.404*** （3.478）	0.396*** （3.388）	0.405*** （3.490）	0.405*** （3.486）	0.406*** （3.496）
Epu	−0.003*** （−7.162）	−0.003*** （−7.162）	−0.003*** （−7.165）	−0.003*** （−7.165）	−0.003*** （−7.166）
HigInd	0.074*** （7.772）	0.076*** （7.956）	0.074*** （7.754）	0.074*** （7.749）	0.074*** （7.762）
Constant	−4.279*** （−20.476）	−4.287*** （−20.463）	−4.280*** （−20.488）	−4.279*** （−20.474）	−4.281*** （−20.498）
Year	YES	YES	YES	YES	YES
Industry	YES	YES	YES	YES	YES
Observations	2 258	2 258	2 258	2 258	2 258
R^2	0.604	0.604	0.604	0.604	0.604

6.4.2　风险资本同盟退出时间与资产误定价

前面的实证结果初步验证了同盟化的风险资本会推动公司的资产误定价水平向上偏离。风险资本同盟持续推高股价，从逻辑上分析，这可能是为了配合减持需要创造有利退出条件（蔡宁，2015）。随着其持股份额的减少，风险资本同盟对资产误定价正向偏离的影响也会有所减弱。因此，我们推测"资本同盟"对资产误定价水平的影响与风险资本的退出时间相关。由于数据可得性的限制，我们目前无法精准获悉每一家风险投资机构退出的时间，以往的文献通常认为在 IPO 后三年风险投资仍然会对公司产生重要影响（Chemmanur et al.，2012；吴超鹏 等，2012）。冯怡恬和杨柳勇（2019）研究发现，大部分风投锁定期为一年，而多数风投机构会选择在锁定期结束后的一年大规模退出①。

为了检验风险资本同盟对资产误定价水平的动态影响，本章采用以下两种方法进行分析。首先，将距离公司 IPO 的时间间隔设置为 T，分别分割成为 0~12 个月、13~24 个月、25~36 个月以及大于 36 个月四个时间段。第一种方法是将四段时间间隔设置为哑变量，0~12 个月设置为哑变量（Dummy1），13~24 个月设置为哑变量（Dummy2），25~36 个月设置为哑变量（Dummy3），用式（6-7）中的模型进行考察②。

表 6.6 的列（1）显示，是否在 0~12 个月的哑变量（Dummy1）的回归系数在 1% 的显著性水平上为正，是否在 13~24 个月哑变量（Dummy2）的系数在 5% 的显著性水平上为正，而是否在 25~36 个月哑变量（Dummy3）的系数变得不显著，说明在锁定期中和锁定期结束后的次年，样本公司的资产误定价程度显著提高，而随着风险资本同盟的逐步退出，资产误定价程度减小。

---

① 针对股份限售的规定散见于《中华人民共和国公司法》（以下简称《公司法》）、证监会的部门规章、交易所的《上市规则》及规范性文件，以及审核方的窗口指导意见。一般而言，控股股东、实际控制人及关联方自上市之日起锁定 36 个月。普通股东（非控股股东、实际控制人及其关联方，也不存在突击入股情况）依据《公司法》（2013）第一百四十一条：公司公开发行股份前已发行的股份，自公司股票在证券交易所上市交易之日起一年内不得转让。证监会为落实《国务院关于促进创业投资持续健康发展的若干意见》要求，于 2017 年 6 月 2 日发布监管问答，明确对于创业投资基金股东的股份限售期安排，将区分情况进行处理：对于发行人有实际控制人的，非实际控制人的创业投资基金股东，按照《公司法》第一百四十一条的有关规定锁定一年。发行人没有或难以认定实际控制人的，对于非发行人第一大股东，但位列合计持股 51% 以上股东范围，且符合一定条件的创业投资基金股东，不再要求其承诺所持股份自上市之日起锁定 36 个月，而是按照《公司法》第一百四十一条的有关规定锁定一年。

② 以大于 36 个月的时间段样本作为基准组。

第二种方法则将三年内的时间间隔（T）与风险资本同盟指标（StkQzDum）进行交乘，用模型（6-8）考察风险资本同盟退出过程对资产误定价程度的动态影响。从表6.7的列（2）至列（4）可以看出，交乘项（StkQzDum×T）系数在0~12个月及13~24个月期间均在1%显著性水平上为正，而在25~36个月变得不显著，说明同盟化的风险资本在蓄势退出期间推高了正向的资产误定价程度，而随着时间的推移，正向的资产误定价程度有逐渐减小的趋势。这从侧面印证了风险资本同盟推高股价，为顺利减持退出创造有利条件的机会主义动机。

$$Mis1_{it} = \beta_0 + \beta_1 Dummy1 + \beta_2 Dummy2 +$$
$$\beta_3 Dummy3 + \beta_4 Control_{it} + Industry_i + Year_t + \varepsilon_{it} \quad (6-7)$$
$$Mis1_{it} = \beta_0 + \beta_1 X_{it} + \beta_2 X_{it} * T + \beta_3 Control_{it} + Industry_i + Year_t + \varepsilon_{it}$$
$$(6-8)$$

表6.6　风险资本同盟退出时间与资产误定价程度

VARIABLES	模型 6-7	模型 6-8		
	（1） Mis1	（2） Mis1 （0~12个月）	（3） Mis1 （13~24个月）	（4） Mis1 （25~36个月）
Dummy1	0.056 ***			
	(4.551)			
Dummy2	0.027 **			
	(2.364)			
Dummy3	0.010			
	(0.951)			
StkQzDum * T		0.022 ***	0.015 ***	0.002
		(2.903)	(3.125)	(0.680)
Control	YES	YES	YES	YES
Year	YES	YES	YES	YES
Industry	YES	YES	YES	YES
Observations	5 481	1 217	1 692	1 653
R^2	0.700	0.783	0.732	0.713

6.4.3 内生性分析

尽管上述实证结果初步验证和支持了假设 6-1A，认为同盟化的风险资本能够显著影响资产误定价向上偏离的程度，加剧了被投企业市场价值偏离其内在价值，但是风险资本同盟可能存在内生性问题。一方面，不排除遗漏变量的问题，另一方面同盟的构成可能存在样本自选择的情况，再者正向的资产误定价程度高的公司也可能影响"同盟"的投资，因而不排除有反向因果的问题，从而造成估计的偏误。为了尽可能减轻内生性问题的影响，本章采用了五种方法。一是工具变量两阶段法（IV-2SLS），二是 Heckman（1979）两阶段法，三是双重差分法（DID），四是倾向得分匹配法，五是随机打乱解释变量的安慰剂检验。

（1）工具变量两阶段法

工具变量的选取需要满足两个条件。第一，工具变量要与公司是否有风险资本同盟的投资密切相关；第二，工具变量并不直接影响公司的资产误定价水平。借鉴吴超鹏等（2012），采用 $t-1$ 年上市公司注册地风投机构的投资总额（Stz）作为工具变量。一方面，风投机构的投资具有本地偏好（Cumming et al.，2010），上市公司注册地风投机构的投资总额越高，反映出当地风险投资越活跃，风投机构反复合作的概率增高，有利于促进"同盟"的形成。但另一方面，上市公司注册地风投机构的投资总额和公司的资产误定价水平并不直接相关。工具变量两阶段回归法（IV-2SLS）的结果报告在表 6.7 中。

表 6.7 的列（1）显示，工具变量 $t-1$ 年上市公司注册地风投机构的投资总额（Stz）的系数在 1% 的水平上显著为正，该地区投资总额（Stz）每提高 1%，公司有风险资本同盟投资的概率提高 2.4%。而从其他几个风险资本同盟指标第一阶段的回归系数来看，均在 1% 水平上显著正相关，且通过了弱工具变量检验，由此可见该工具变量的选取是合理的。第二阶段的回归结果显示，风险资本同盟与正向的资产误定价水平的回归系数在 1% 水平上显著为正，表明在考虑了内生性问题后，同盟化的风险资本对资产误定价水平的正向影响仍然存在，与前面的结果保持一致。但此时的估计系数相比之前的系数变大了，这可能是因为风险投资活跃的地区多是一些经济发展水平较高的地区，从而造成局部的平均处理效应高于总体的平均处理效应。

表 6.7 工具变量法

VARIABLES	(1) first stage StkQzDum	(2) second stage Mis1	(3) first stage LSQzNum	(4) second stage Mis1	(5) first stage LSInvNum	(6) second stage Mis1	(7) first stage LSInvAmt	(8) second stage Mis1	(9) first stage LSIpoNum	(10) second stage Mis1
Siz	0.024*** (2.827)		0.111*** (3.996)		0.277*** (4.100)		0.422*** (4.057)		0.254*** (6.127)	
StkQzDum		0.472* (1.831)								
LSQzNum				0.102** (2.059)						
LSInvNum						0.0410** (2.052)				
LSInvAmt								0.026** (2.047)		
LSIpoNum										0.044** (2.166)
Control	YES	YES	YES	YES	YES	YES	YES	YES	YES	YES
Year	YES	YES	YES	YES	YES	YES	YES	YES	YES	YES
Industry	YES	YES	YES	YES	YES	YES	YES	YES	YES	YES
Observations	3 694	3 694	3 694	3 694	3 694	3 694	3 694	3 694	3 694	3 694
R^2	0.043		0.070		0.055		0.056		0.065	
CD Wald F	78.053		69.244		72.536		53.253		57.729	

（2）Heckman（1979）两阶段法

前面通过工具变量两阶段最小二乘法在一定程度上降低了内生性问题的影响，但本章的研究仍可能存在样本自选择的问题。风险资本同盟具有整合资源的优势，能够推动私密信息在同盟内共享。因此，不排除同盟化的风险资本选择了那些高估值的公司，而非"同盟"会推动资产误定价程度向上偏离。考虑到样本自选择的问题，本章采用 Heckman（1979）两阶段法，尽可能消除了这一因素的影响，结果报告在表 6.8 中。从第一阶段 Probit 模型的回归结果来看，Inverse Mill Ratio 指标（Imr）均在 1%水平上显著，说明前面的分析确实可能存在样本自选择的问题。在控制了这一因素后，风险资本同盟指标对正向资产误定价程度的影响在 1%的水平上显著为正，进一步说明风险资本同盟推动了股价的高估。

表 6.8 Heckman (1979) 两阶段法

VARIABLES	(1) first stage StkQzDum	(2) second stage Mis1	(3) first stage LSQzNum	(4) second stage Mis1	(5) first stage LSInvNum	(6) second stage Mis1	(7) first stage LSInvAmt	(8) second stage Mis1	(9) first stage LSIpoNum	(10) second stage Mis1
Stz	0.088*** (3.740)		0.088*** (3.740)		0.088*** (3.740)		0.088*** (3.740)		0.088*** (3.740)	
Imr		0.317*** (2.870)		0.307*** (2.800)		0.321*** (2.910)		0.320*** (2.900)		0.350*** (3.160)
StkQzDum		0.047*** (4.890)								
LSQzNum				0.020*** (6.960)						
LSInvNum						0.024*** (5.330)				
LSInvAmt								0.019*** (5.230)		
LSIpoNum										0.029*** (5.170)
Control	YES	YES	YES	YES	YES	YES	YES	YES	YES	YES
Year	YES	YES	YES	YES	YES	YES	YES	YES	YES	YES
Industry	YES	YES	YES	YES	YES	YES	YES	YES	YES	YES
Observations	5 089	3 699	5 089	3 699	5 089	3 699	5 089	3 699	5 089	3 699
R^2		0.648		0.650		0.648		0.648		0.648

（3）双重差分法

为了进一步控制住时间序列上其他事件的混杂因素，考察风险资本同盟对资产误定价程度向上偏离的影响，本章进一步采用双重差分法进行验证。风险资本同盟体现了中国"差序格局"人际关系的重要特征，在中国的转型经济特殊时期作为非正式制度的补充，扮演着重要作用。从第四章的实证结果来看，"同盟"对市场化程度不同的地区有着不同的影响。首先，市场化程度越高的地区，机构规范化运作越强，信息越透明，资源的流动更频繁，"资本同盟"作为非正式制度的补充效应削弱了。而在市场化程度越低的地区，资本"抱团"越紧密，能够通过"同盟"获得更多的信息和资源，"资本同盟"对公司和市场的影响越明显，风险资本同盟更容易发挥积极的"润滑剂"作用（Chen et al.，2011）。因此，本章采用樊纲等（2016）的市场化指数，按照市场化指数的中位数进行分组，高于中位数的为高市场化程度组，作为对照组（Treat=0）；低于中位数的为低市场化程度组，作为处理组（Treat=1）。同时，2014年中国证监会颁发了第105号令《私募投资基金监督管理暂行办法》（以下简称《办法》），该《办法》正式将私募资本市场纳入监管范围。监管趋严会对风投机构的募、投、管、退四个关键环节产生直接冲击，风投机构的发展与监管政策密切相关。因此，本章将该《办法》作为近年来风投机构影响的外生事件冲击，构建政策冲击变量（Post，如果时间在2014年后则Post=1，否则等于0）。因此，本章采用式（6-9）中的模型进行验证，我们所关心的是交乘项（Treat×Post）前面的系数β_3，表示处理组与受影响更小的对照组相比，相对于政策冲击之前的变化。

$$Mis1_{it} = \beta_0 + \beta_1 \text{Treat}_i + \beta_2 \text{Post}_t + \beta_3 \text{Treat}_i * \text{Post}_t + \beta_4 \text{Control}_{it} + \text{Firm}_i + \text{Year}_t + \varepsilon_{it} \tag{6-9}$$

结果报告在表6.9中。从列（1）至列（3），分别是单变量回归、加入了控制变量及控制了年度固定效应和公司个体固定效应的结果。结果显示，交乘项（Treat×Post）的系数均显著为正。其中，列（3）交乘项（Treat×Post）的系数为0.121，在1%的显著性水平上为正，说明"同盟"发挥作用更大的处理组在政策冲击之后，其正向的资产误定价程度相比同期对照组而言有显著的提高，进一步印证了前面的结论[1]。

---

[1] 双重差分法通过了平行趋势检验，限于篇幅，结果未在此处报告。

表 6.9　双重差分法

VARIABLES	(1) Mis1	(2) Mis1	(3) Mis1
Treat×Post	0.061 **	0.055 *	0.121 ***
	(2.238)	(1.721)	(3.220)
Control	No	YES	YES
Year	No	No	YES
Firm	No	No	YES
Observations	5 481	5 481	5 481
R^2	0.031	0.673	0.867

（4）倾向匹配得分法

本章进一步采用倾向得分匹配法来减轻估计对函数形式设定的依赖。首先，采用模型（6-6）中的控制变量进行 Logit 回归。将季度末公司资产对数化处理（Size）、季度末公司净资产收益率（ROE）、公司主营业务收入增长率（Growth）、公司账面市值比（BM）、季度末股东股权集中度（Hhi）、公司董事会人数（BoaNum）、公司是否属于高风险行业的哑变量（HigInd）、公司从成立到 IPO 历经年限对数化处理（Age）、中国经济政策不确定性指数对数化处理（Epu）、季度末公司资产负债率（Lev）、公司独立董事人数比例（IndB-Num）、公司第一大股东持股比例（First）作为匹配要素，计算出倾向得分（PS）值，然后采用最近邻匹配的可重复的匹配方法，每个有"同盟"支持的公司按照 1∶2 进行匹配得到控制组样本。处理组和控制组协变量均值差异检验结果显示，匹配后协变量的标准化偏差显著减少，匹配效果较好。从倾向得分共同取值范围图形来看，控制组和处理组都在共同取值范围内①。

表 6.10 报告了匹配后的回归结果。列（1）是否有风险资本同盟哑变量（StkQzDum）的系数为 0.025，在 5% 的水平上显著，说明同盟化的风险资本相比没有"同盟"的风险资本，使得资产误定价程度明显提高 2.5%。列（2）显示，"同盟"数量每增加 1%，资产误定价程度提高 2.4%。列（3）至列（5）中，"同盟"伙伴的力量也很大程度上推高了资产误定价程度。"同盟"伙伴投资数量每增加 1%，资产误定价程度显著提高 0.3%；投资金额每提高

---

① 限于篇幅，结果未在此处报告。

1%，资产误定价程度显著提高 0.2%；IPO 成功次数每提高 1%，资产误定价程度显著提高 0.5%。结果与前文保持一致。

表 6.10　倾向匹配得分法

VARIABLES	(1) Mis1	(2) Mis1	(3) Mis1	(4) Mis1	(5) Mis1
StkQzDum	0.025**				
	(2.534)				
LSQzNum		0.024***			
		(2.608)			
LSInvNum			0.003***		
			(2.628)		
LSInvAmt				0.002***	
				(2.665)	
LSIpoNum					0.005**
					(2.368)
Control	YES	YES	YES	YES	YES
Year	YES	YES	YES	YES	YES
Industry	YES	YES	YES	YES	YES
Observations	3 362	3 362	3 362	3 362	3 362
R^2	0.740	0.740	0.740	0.740	0.740

（5）安慰剂检验

为了进一步证实本章的因果关系识别，借鉴（Li et al.，2016；曹春方 等，2 020）的研究，本章随机分配"资本同盟"与被投公司匹配，进行安慰剂检验。实验发现，随机匹配公司与"资本同盟"过程重复 1 000 次后，风险资本同盟对正向的资产误定价程度影响不显著。图 6.1 为随机处理 1 000 次后，是否有风险资本同盟（StkQzDum）的回归系数分布，可以发现是否有风险资本同盟（StkQzDum）的系数集中分布在 0 的附近，显著小于估计的真实值 0.022。由此可见，安慰剂检验的结果进一步证实风险资本同盟推高了公司股票误定价程度。

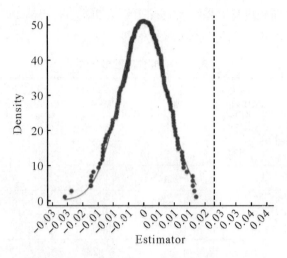

图 6.1　风险资本同盟与资产误定价安慰剂检验

6.5　影响渠道分析

既有文献通常将资产误定价的原因归结为两大类。一是内部原因，即公司内部的盈余管理活动、会计信息质量等会影响资本市场上的资产误定价水平（Sloan，1996；Xie，2001；王生年 等，2017）。二是外部原因，例如投资者非理性认知、媒体力量、机构投资者的影响（游家兴 等，2012；宋常 等，2015；王博恒，2016；方毅 等，2021）。风投机构是一类特殊的持股股东，既可以参与企业的经营管理（Cyr et al.，2000；Davila et al.，2005），具有对企业的控制能力和信息优势（Lerner，1995；Baker et al.，2003），又能利用市场上的关系网络影响市场参与者的行为（Hochberg et al.，2007），尤其是同盟化的风险资本相比一般的风投机构拥有更大的话语权和社会影响力。因此本章同时从内、外部两个方面进行影响渠道分析。

6.5.1　风险资本同盟、盈余管理与资产误定价

风险资本同盟基于多次合作、反复博弈产生，同盟伙伴具有忠诚信任、稳固的长期合作关系。同盟内部凝聚成利益共同体，拥有更强大的话语权，不排除为了最大化自身利益而绑架管理层或与公司管理层合谋，在退出的过程中进行盈余操纵粉饰利润。蔡宁（2015）研究发现，风险投资支持的公司为了配

合减持和退出的需要，在上市后有明显的盈余操纵行为。基于信息不对称理论，会计信息质量的高低决定了资产的定价有效性。为了检验同盟化的风险资本是否通过盈余管理的渠道影响资产误定价水平的向上偏离，本章参考 Roy-chowdhury（2006），计算了真实盈余管理（REM）指标，并借鉴 Li et al.（2017）的方法进行交乘，用模型（6-10）进行检验。其中，X_{it} 是风险资本同盟指标，用三类变量进行刻画。是否有"同盟"的哑变量（StkQzDum）、"同盟"的数量对数化处理（StkQzNum）以及"同盟"伙伴的力量，分别用"同盟"伙伴的投资数量对数化处理（StkInvNum）、投资金额对数化处理（StkIn-vAmout）、IPO 成功次数对数化处理（StkIpoNum）衡量。我们关心的是交乘项（$REM_{it} \times X_{it}$）的系数 β_1。

$$\text{Mis1}_{it} = \beta_0 + \beta_1 REM_{it} \times X_{it} + \beta_2 REM_{it} + \beta_3 X_{it} + \beta_4 Control_{it} + Industry_i + Year_t + \varepsilon_{it}$$

$$(6\text{-}10)$$

回归结果报告在表 6.11 中。从列（1）至列（5），交乘项系数均在 1% 的显著性水平上为正，说明同盟化的风险资本的确通过盈余管理的渠道推高了资产误定价水平。在市场信息不对称的情况下，风险资本同盟的行为可能会影响投资者对公司真实价值的准确判断，提高投资者预期而推高股价，导致被投企业市场价值与内在价值之间的严重偏离。

表 6.11　风险资本同盟、盈余管理与资产误定价

VARIABLES	(1) Mis1	(2) Mis1	(3) Mis1	(4) Mis1	(5) Mis1
StkQzDum×REM	0.232*** (5.252)				
LSQzNum×REM		0.139*** (2.837)			
LSInvNum×REM			0.031*** (5.231)		
LSInvAmt×REM				0.019*** (5.107)	
LSIpoNum×REM					0.040*** (3.597)
StkQzDum	0.023** (2.217)				

表6. 11(续)

VARIABLES	(1) Mis1	(2) Mis1	(3) Mis1	(4) Mis1	(5) Mis1
LSQzNum		0.017* (1.877)			
LSInvNum			0.003** (2.211)		
LSInvAmt				0.002** (2.381)	
LSIpoNum					0.002 (1.172)
REM	0.012* (1.942)	0.082* (1.953)	0.169*** (6.293)	0.065** (2.340)	0.179*** (6.451)
Control	YES	YES	YES	YES	YES
Year	YES	YES	YES	YES	YES
Industry	YES	YES	YES	YES	YES
Observations	2 766	2 766	2 766	2 766	2 766
R^2	0.684	0.683	0.684	0.684	0.683

6.5.2 风险资本同盟、媒体正面报道与资产误定价

游家兴和吴静（2012）发现媒体情绪具有诱导性，使投资者非理性判断不断增加，特别是乐观的媒体情绪更容易导致股价向上偏离内在价值。宋常和揭晓小（2015）指出媒体报道量越大，投资者盲目跟风越严重，资产误定价程度越高。风险资本同盟的同盟内伙伴具有多样性和更广泛的资源链接，调动资源更便捷，具备强大的市场力量，更容易受到媒体的关注，甚至不排除通过利益输送获取具有诱导性的正面报道（李培功，2013；方军雄，2014）。因此，本章通过考察媒体对公司的正面报道数量来考察这是否是风险资本同盟引起资产误定价水平向上偏离的一个渠道。回归模型为模型（6-11）。其中，X_{it} 是风险资本同盟指标，$Media_{it}$ 是媒体对公司的正面报道数量。我们关心的是交乘项（$Media_{it} \times X_{it}$）的系数 β_1。

$$Mis1_{it} = \beta_0 + \beta_1 Media_{it} \times X_{it} + \beta_2 Media_{it} + \beta_3 X_{it} + \beta_4 Control_{it} + Industry_i + Year_t + \varepsilon_{it}$$

$$(6-11)$$

表6.12报告了回归结果。结果显示，从列（1）至列（5），交乘项

（$Media_{it} \times X_{it}$）的系数均显著为正，说明风险资本同盟的确会通过增加媒体的正面报道数量，向市场投资者传递积极乐观的信号，引起股价高估。我国资本市场发展起步晚，获取信息渠道有限，投资者尚缺乏经验，容易受到优势意见左右。媒体的高关注度和传递强有力的积极信号很容易吸引投资者注意（余为政 等，2003），引起羊群效应，推高股价泡沫。

表 6.12　风险资本同盟、媒体正面报道与资产误定价

VARIABLES	（1）Mis1	（2）Mis1	（3）Mis1	（4）Mis1	（5）Mis1
StkQzDum×Media	0.019* （1.766）				
LSQzNum×Media		0.022*** （2.877）			
LSInvNum×Media			0.003** （2.445）		
LSInvAmt×Media				0.002** （2.451）	
LSIpoNum×Media					0.005** （2.449）
StkQzDum	0.017* （1.840）				
LSQzNum		0.022*** （2.715）			
LSInvNum			0.003** （2.509）		
LSInvAmt				0.002** （2.480）	
LSIpoNum					0.003 （1.638）
Media	0.038*** （3.658）	0.049*** （6.830）	0.050*** （7.109）	0.039*** （4.569）	0.051*** （7.114）
Control	YES	YES	YES	YES	YES
Year	YES	YES	YES	YES	YES
Industry	YES	YES	YES	YES	YES
Observations	4 289	4 289	4 289	4 289	4 289
R^2	0.641	0.642	0.641	0.641	0.641

6.5.3 风险资本同盟、机构投资者与资产误定价

关于机构投资者在资产误定价中发挥的作用有不同的观点。一种观点支持机构投资者是理性的投资者和套利者，有利于股价向真实价值的回归。机构投资者持股比例越高的公司定价效率更高（Boehmer 等，2009）。另一种观点认为机构投资者并不总是反对资产误定价，而是会利用这种错误定价，骑乘股市泡沫，为自身谋取利益。例如，Gompers 和 Metrick（2001）发现机构投资者持股比例与股票收益正相关。同盟化的风险资本具备强大的市场力量，具有和证监会、承销商、律师团队、会计师事务所、分析师等高资质市场参与者、监管者的网络连接，无疑也会受到更多机构投资者的青睐。接下来，我们想要验证风险资本同盟是否通过机构投资者这一影响渠道助推了资产价格的向上偏离。回归模型为模型（6-12）。其中，X_{it} 是风险资本同盟指标，Fds_{it} 是机构投资者持股比例。我们关心的是交乘项（$\mathrm{Fds}_{it} \times X_{it}$）的系数 β_1。

$$\mathrm{Mis1}_{it} = \beta_0 + \beta_1 \mathrm{Fds}_{it} \times X_{it} + \beta_2 \mathrm{Fds}_{it} + \beta_3 X_{it} +$$
$$\beta_4 \mathrm{Control}_{it} + \mathrm{Industry}_i + \mathrm{Year}_t + \varepsilon_{it} \qquad (6-12)$$

表6.13 报告了回归结果。结果显示，从列（1）到列（5），交乘项（$\mathrm{Fds}_{it} \times X_{it}$）的系数均在1%显著性水平上为正，说明风险资本同盟的确通过机构投资者这一影响渠道引起了股价的高估。原因一方面可能是风险资本同盟吸引机构投资者持股比例增加，机构投资者的增持表现出一定的正反馈效应，引起市场上投资者的非理性跟风，推动股市泡沫的产生与膨胀；另一方面，我国资本市场上的机构经理团队相对年轻（潘越 等，2011），更愿意增持价格被高估的股票，并利用这种错误定价，骑乘股市泡沫，为自身牟利，进一步助推资产价格的向上偏离。

表 6.13　风险资本同盟、机构投资者持股与资产误定价

VARIABLES	(1) Mis1	(2) Mis1	(3) Mis1	(4) Mis1	(5) Mis1
StkQzDum×Fds	0.003 *** (5.587)				
LSQzNum×Fds		0.003 *** (5.024)			
LSInvNum×Fds			0.001 *** (6.417)		

表6.13(续)

VARIABLES	(1) Mis1	(2) Mis1	(3) Mis1	(4) Mis1	(5) Mis1
LSInvAmt×Fds				0.001 *** (6.649)	
LSIpoNum×Fds					0.001 *** (6.728)
StkQzDum	0.008 * (1.954)				
LSQzNum		0.019 *** (2.817)			
LSInvNum			0.002 ** (2.416)		
LSInvAmt				0.001 ** (2.491)	
LSIpoNum					0.003 ** (2.136)
Fds	0.002 *** (4.477)	0.005 *** (11.641)	0.005 *** (11.587)	0.003 *** (6.753)	0.005 *** (11.700)
Control	YES	YES	YES	YES	YES
Year	YES	YES	YES	YES	YES
Industry	YES	YES	YES	YES	YES
Observations	4 177	4 177	4 177	4 177	4 177
R^2	0.779	0.779	0.779	0.779	0.779

6.5.4 风险资本同盟、股票流动性与资产误定价

股票的流动性体现了股票的变现特征，流动性越强体现了投资者的关注度越高，股票价格越容易被推高。参考 Amihud（2002），本章采用 Amihud 非流动性指标来验证风险资本同盟是否会通过股票流动性提高的渠道引起股票价格高估。Amihud 非流动性指标被国内学者广泛运用于股票流动性的学术研究中（石广平 等，2018；尹海员 等，2019），这一指标通过股票收益率的绝对值与交易金额的比值来衡量股票的流动性，指标值越小，说明流动性越高。回归模型为模型（6-13）。其中，X_{it} 是风险资本同盟指标，$Amihud_t$ 是按季度数据计算的非流动性指标。我们关心的是交乘项（$Amihud_t \times X_{it}$）的系数 β_1，并预期

这一系数显著为负。

$$\text{Mis1}_{it} = \beta_0 + \beta_1 \text{Amihud}_t \times X_{it} + \beta_2 \text{Amihud}_t + \beta_3 X_{it} +$$
$$\beta_4 \text{Control}_{it} + \text{Industry}_i + \text{Year}_t + \varepsilon_{it} \tag{6-13}$$

表 6.14 报告了回归结果。结果显示，从列（1）到列（5），Amihud 非流动性指标（ Amihud_t ）的系数均在 1% 显著性水平上为负，说明股票流动性提高会引起股票价格的高估。同时，风险资本同盟指标与非流动性指标交乘项（ $\text{Amihud}_t \times X_{it}$ ）的系数均显著为负，这与我们的预期以及前述分析相一致。同盟化的风险资本凝聚为利益共同体，利用多样化的资源链接、强大的市场力量吸引高资质的机构投资者、高影响力的媒体关注与市场参与，利用市场中的信息不对称，通过股票流动性提高的渠道，助推资产泡沫的膨胀，提高正向的资产误定价程度。

表 6.14 风险资本同盟、股票流动性与资产误定价

VARIABLES	(1) Mis1	(2) Mis1	(3) Mis1	(4) Mis1	(5) Mis1
StkQzDum×Amihud	−0.342 *** (−2.645)				
LSQzNum×Amihud		−0.398 * (−1.958)			
LSInvNum×Amihud			−0.151 ** (−2.476)		
LSInvAmt×Amihud				−0.134 *** (−2.604)	
LSIpoNum×Amihud					−0.158 ** (−1.979)
StkQzDum	0.029 (1.169)				
LSQzNum		0.023 (0.681)			
LSInvNum			0.011 (1.001)		
LSInvAmt				0.011 (1.228)	
LSIpoNum					−0.001 (−0.047)

表6.14(续)

VARIABLES	(1) Mis1	(2) Mis1	(3) Mis1	(4) Mis1	(5) Mis1
Amihud	−0.332 *** (−4.521)	−0.359 *** (−4.751)	−0.338 *** (−4.554)	−0.331 *** (−4.512)	−0.365 *** (−4.741)
Control	YES	YES	YES	YES	YES
Year	YES	YES	YES	YES	YES
Industry	YES	YES	YES	YES	YES
Observations	3 789	3 789	3 789	3 789	3 789
R^2	0.344	0.343	0.344	0.344	0.343

6.6 稳健性检验

6.6.1 替换资产误定价指标的计算方法

因为公司内在价值很难被直观地观测，资产误定价指标的计算方法有一定的复杂性和多样性。为了保证结果的稳健性，本章借鉴了 Rhodes-Kropf et al.（2005）的市值账面比分解法进行资产误定价程度的计算。这种方法以行业平均为基准来进行计算。方法如下：

第一步，按照模型（6-14）分季度分行业进行回归，提取出回归系数 α_1、α_2、α_3、α_4。其中，NI 是公司净收入的绝对值，I 是一个哑变量，当 NI < 0 时，I 取 1，否则为 0。

$$M_{it} = \alpha_0 + \alpha_1 \, Size_{it} + \alpha_2 Ln |NI_{it}| + \alpha_3 \, I_{(NI<0)} + \alpha_4 \, Lev_{it} + \varepsilon_{it} \quad (6\text{-}14)$$

第二步，对同行业的回归系数取平均值，得到各个行业的估计系数。

第三步，将上述各行业估计系数代回模型（6-14），计算出公司的内在价值 V_{it}。

最后，将同期公司市值 M_{it} 与公司内在价值 V_{it} 相除并取自然对数，得到公司在第 t 期的资产误定价程度（Mis2）。

$$Mis2 = \ln\left(\frac{M_{it}}{V_{it}}\right)$$

上述指标 Mis2 如果为正，表明市场股价向上偏离公司内在价值；如果为负，则表明市场股价向下偏离公司内在价值。Mis2 绝对值越大，则表明偏离程度越高。

表 6.15 和表 6.16 报告了替换计算指标后的估计结果。表 6.16 从列（1）至列（5），风险资本同盟指标的系数均在 1% 的水平上显著为正，而表 6.17 从列（1）至列（5），风险资本同盟指标的系数均不显著。这说明替换资产误定价指标的计算方法之后，结果仍然和前文的结果保持一致。

表 6.15　风险资本同盟与资产误定价（正向）——替换指标

VARIABLES	(1) Mis2	(2) Mis2	(3) Mis2	(4) Mis2	(5) Mis2
StkQzDum	0.019 *** （2.746）				
LSQzNum		0.013 *** （5.827）			
LSInvNum			0.003 *** （3.839）		
LSInvAmt				0.002 *** （3.851）	
LSIpoNum					0.004 *** （3.101）
Control	YES	YES	YES	YES	YES
Year	YES	YES	YES	YES	YES
Industry	YES	YES	YES	YES	YES
Observations	5 481	5 481	5 481	5 481	5 481
R^2	0.788	0.790	0.788	0.788	0.788

表 6.16　风险资本同盟与资产误定价（负向）——替换指标

VARIABLES	(1) Mis2	(2) Mis2	(3) Mis2	(4) Mis2	(5) Mis2
StkQzDum	0.002 （0.292）				
LSQzNum		−0.006 （−1.295）			
LSInvNum			0.001 （0.422）		

表6.16(续)

VARIABLES	(1) Mis2	(2) Mis2	(3) Mis2	(4) Mis2	(5) Mis2
LSInvAmt				0.001 (0.383)	
LSIpoNum					0.001 (0.539)
Control	YES	YES	YES	YES	YES
Year	YES	YES	YES	YES	YES
Industry	YES	YES	YES	YES	YES
Observations	2 258	2 258	2 258	2 258	2 258
R^2	0.819	0.819	0.819	0.819	0.819

6.6.2 从超额异常收益角度测度

资产误定价的测度还有一种较为常用的方法是结合资产定价原理,从市场异象的角度进行考察。在这一部分本章参考(Chemmanur et al.,2012;杨开元等,2013;尹玉刚 等,2018)等,测算公司股价的超额异常收益,采用CAPM(1964)、Fama-Frech 三因子(1993)和 Carhart 四因子模型(1997)进行验证,基于股票月收益率构造日历时间组合比较超额收益 α。我们选取 2009 年 1 月到 2019 年 12 月的月度观测值,将 IPO 样本公司分为无同盟、大同盟和小同盟三组。大同盟和小同盟是根据上市公司背后的"同盟"数量的中位数进行划分,低于中位数定义为小同盟,高于中位数定义为大同盟。以每个月收益率为基准,构造 18 个月内上市的股票组合,建立三个对冲组合:即买入同盟卖出无同盟、买入大同盟卖出无同盟、买入大同盟卖出小同盟并计算其收益率,流通市值采用构建组合上个月末的收盘价与流通在外的股数乘积。我们也采用了以每个月收益率为基准,构造 24 个月、36 个月内上市的股票组合并计算其收益率的方法进行验证,结果基本一致①。

表 6.17 报告了 CAPM、Fama 和 French(1993)三因子模型以及 Carhart(1997)四因子模型回归后所有因子的估计值。其中,列(1)报告了同盟与无同盟的对冲组合的回归结果,α 显示同盟与无同盟的对冲策略取得了显著为正的超额收益。采用 CAPM 市场模型、等权重方法和市场加权方法对冲分别得

---

① 限于篇幅,结果未在此处报告。

到 0.7% 和 1.4% 显著异于零的 α；采用 Fama 和 French（1993）三因子模型、Carhart（1997）模型、等权重方法和市场加权方法对冲分别得到 0.9% 和 1.7% 显著异于零的 α。列（2）报告了大同盟与无同盟的对冲组合的回归结果，α 显示大同盟与无同盟的对冲策略同样取得了显著的超额收益。采用 CAPM 市场模型、等权重方法和市场加权方法对冲分别得到 1% 和 1.7% 显著异于零的 α；采用 Fama 和 French（1993）三因子模型、Carhart（1997）模型、等权重方法和市场加权方法对冲分别得到 1.2% 和 2.1% 显著异于零的 α。市场因子（Mrk-Rf）的估计值均不显著，说明这种对冲策略的市场中性，与市场波动的相关性较低。列（3）报告了大同盟与同盟的对冲组合的回归结果，得到的 α 因子虽然为正却并不显著。以上实证证据显示，构建的有同盟与无同盟对冲投资策略是可以取得显著超额收益的投资策略，风险资本同盟通过市场力量，推动股价更多地偏离其基本价值，有风险资本同盟的股票相比无"同盟"的股票价格被更多地高估，说明前文的结论是稳健的。

表 6.17　CAPM、三因子、四因子模型稳健性检验

对冲组合	有同盟-无同盟	大同盟-无同盟	大同盟-小同盟
Panel A：Market model：Equal-weighted portfolios			
α	0.007[**] (2.301)	0.010[**] (2.430)	0.003 (0.920)
Mrk-Rf	−0.021 (−0.445)	−0.030 (−0.473)	−0.010 (−0.182)
Panel B：Market model：Value-weighted portfolios			
α	0.014[***] (2.635)	0.017[**] (2.181)	0,003 (0.430)
Mrk-Rf	0.063 (0.785)	0.110 (0.943)	0.048 (0.456)
Panel C：Three-factor model：Equal-weighted portfolios			
α	0.009[***] (2.820)	0.012[***] (2.746)	0.003 (0.853)
Mrk-Rf	−0.012 (−0.249)	−0.043 (−0.651)	−0.031 (−0.563)
SMB	−0.243[**] (−2.486)	−0.184 (−1.352)	0.060 (0.525)
HML	−0.260[***] (−2.847)	−0.318[**] (−2.511)	−0.058 (−0.548)

表6.17(续)

对冲组合	有同盟-无同盟	大同盟-无同盟	大同盟-小同盟
Panel D：Three-factor model：Value-weighted portfolios			
α	0.017 ***	0.021 ***	0.004
	(3.330)	(2.818)	(0.608)
Mrk-Rf	0.083	0.168	0.085
	(1.038)	(1.419)	(0.766)
SMB	−0.503 ***	−0.765 ***	−0.262
	(−3.089)	(−3.171)	(−1.159)
HML	−0.526 ***	−0.634 ***	−0.108
	(−3.465)	(−2.820)	(−0.513)
Panel E：Four-factor model：Equal-weighted portfolios			
α	0.009 ***	0.012 ***	0.003
	(2.802)	(2.741)	(0.837)
Mrk-Rf	−0.007	−0.017	−0.009
	(−0.148)	(−0.245)	(−0.164)
SMB	−0.243 **	−0.179	0.064
	(−2.464)	(−1.321)	(0.565)
HML	−0.253 ***	−0.277 **	−0.024
	(−2.689)	(−2.147)	(−0.225)
MOM	0.034	0.199	0.165
	(0.336)	(1.430)	(1.414)
Panel F：Four-factor model：Value-weighted portfolios			
α	0.017 ***	0.021 ***	0.004
	(3.359)	(2.807)	(0.590)
Mrk-Rf	0.054	0.206 *	0.152
	(0.659)	(1.685)	(1.349)
SMB	−0.508 ***	−0.757 ***	−0.249
	(−3.132)	(−3.146)	(−1.124)
HML	−0.569 ***	−0.574 **	−0.005
	(−3.673)	(−2.497)	(−0.023)
MOM	−0.213	0.291	0.504 **
	(−1.278)	(1.173)	(2.212)

6.6.3 加入其他控制变量

资产误定价程度可能受到市场情绪的影响（De Long et al.，1990；Shleifer et al.，2000）。由于投资者情绪的衡量有一定的复杂性，各代理变量本身可能存在一定的领先—滞后效应，借鉴 Baker 和 Wurgler（2006），本章选用封闭式基金折价率、每月 IPO 数量、IPO 收益率、A 股月新增开户数、换手率这 5 个指标当期和滞后值，剔除宏观经济的影响，用主成分分析法计算得到季度的投资者情绪指数（Mood），作为新的控制变量加入基础回归。参考游家兴和吴静（2012），本章亦选择股票季度末收盘价（CloPri）作为新的控制变量，以控制价格的动量或反转效应对资产误定价水平的可能影响；借鉴 Chen et al.（2001）的方法，计算季度交易日收益率的负偏度指标（Ncskew）代理股价暴涨暴跌程度作为控制变量加入，以尽量控制研究期间发生的事件对资产误定价水平的影响。回归结果报告在表 6.18 和表 6.19 中。从回归结果来看，表 6.18 从列（1）到列（5），风险资本同盟指标的系数均在 1% 的显著性水平上为正，而表 6.19 从列（1）到列（5），风险资本同盟指标的系数均不显著。说明进一步控制了上述变量的影响之后，结果仍然和基础回归的结果一致。

表 6.18　风险资本同盟与资产误定价（正向）——加入其他控制变量

VARIABLES	（1）Mis1	（2）Mis1	（3）Mis1	（4）Mis1	（5）Mis1
StkQzDum	0.025*** (3.063)				
LSQzNum		0.009*** (3.541)			
LSInvNum			0.003*** (3.658)		
LSInvAmt				0.002*** (3.731)	
LSIpoNum					0.004** (2.506)
Control	YES	YES	YES	YES	YES
Year	YES	YES	YES	YES	YES
Industry	YES	YES	YES	YES	YES
Observations	4 565	4 565	4 565	4 565	4 565
R^2	0.705	0.706	0.706	0.706	0.705

表 6.19　风险资本同盟与资产误定价（负向）——加入其他控制变量

VARIABLES	（1）Mis1	（2）Mis1	（3）Mis1	（4）Mis1	（5）Mis1
StkQzDum	0.002 (0.382)				
LSQzNum		−0.010 (−1.627)			
LSInvNum			0.001 (0.403)		
LSInvAmt				0.001 (0.480)	
LSIpoNum					0.001 (0.271)
Control	YES	YES	YES	YES	YES
Year	YES	YES	YES	YES	YES
Industry	YES	YES	YES	YES	YES
Observations	1 914	1 914	1 914	1 914	1 914
R^2	0.633	0.634	0.633	0.633	0.633

6.7　本章小结

　　资本的本质是追逐利益，风投资本需要在二级市场上减持才能"落袋为安"，获取高额利润，股价自然是其关注的重点。在被投企业的 IPO 阶段，本书发现了风险资本同盟具有"认证"功能，可以减少信息不对称，降低隐性发行成本，提高新股发行效率。那么，在企业上市后的减持阶段，风险资本同盟为了创造有利条件顺利退出，在资本市场的作用逻辑是否会发生改变呢？这会如何影响被投企业市场价值增值呢？

　　本章选取了风险投资 2009—2019 年的联合投资数据，构建了风险资本同盟指标，并进一步识别出在上市当年及前两年有风险资本同盟支持的企业，从市场价值偏离内在价值的视角，研究风险资本同盟的力量如何影响股票资产误定价水平。研究发现，同盟化的风险资本对正向及负向的资产误定价具有不对称的影响。当公司股价低估时，风险资本同盟对负向的资产误定价没有产生显著影响，但在公司股价高估时，风险资本同盟推波助澜，明显加剧了正向的资产误定价程度，使得公司市场价值更大程度上偏离了公司内在价值。此外，风险资本同盟对正向的资产误定价的影响具有动态性，在锁定期当年和锁定期结束次年，资产误定价加剧，而随着其减持退出，正向偏离程度逐步减轻。这揭示出风险资本同盟的机会主义动机，为了最大化自身利益，实现高额利润的成功退出而助推股价泡沫，在加剧企业市值膨胀的同时损害了市场的公平性，通过"资本同盟"的力量使资金配置到风险资本同盟投资的企业，这显然违背了市场发展的根本逻辑。

进一步的研究发现，同盟化的风险资本从内外两个渠道影响股票错误定价。一方面，风险资本同盟为了最大化自身利益，在退出的过程中通过盈余管理的内部渠道，影响投资者对公司真实价值的准确判断而引起股价高估。另一方面，风险资本同盟通过媒体的正面报道、吸引机构投资者增持和提高股票流动性的市场渠道助推资产价格的进一步向上偏离。

我国资本市场发展历程较短，处于从计划经济向市场经济的转轨时期，中国社会传统文化对市场有深刻影响，本章的研究不仅有助于我们对效率与公平问题的思考，对辩证地看待风险资本同盟在不同阶段的价值增值效应有所启发，同时，对投资者保护和资本市场监管也具有重要启示。

"差序格局"的"同盟关系"植根于中国社会的各个方面，"同盟"作为一种特殊的非正式制度安排，在资本市场中发挥着重要作用。本章发现风险资本同盟通过盈余管理、媒体公关、提高股票流动性等角度助推企业市值严重偏离基础价值，并且在利益相关的退出阶段，这一效应更加明显。由此可以看出，资本的力量以隐秘的方式直接或间接地影响着市场价格，这显然有失公平。对于发展中的中国资本市场，与"资本同盟"相关的股价高估，极容易引起投资者的关注，改变市场的合理预期，特别是以非正常的方式推高股价，股价容易暴涨暴跌，从长期来看，不仅不利于企业的市场价值增值，也会加剧投资者的损失，影响市场的稳定。风险资本同盟的裙带势力、拉帮结派的现象可能导致权力私人化的不良社会风气，强大的市场力量亦可能成为资本市场泡沫的助推器。建议监管机构应从"资本同盟"角度加强对风投机构的监管，规范资本力量的市场边界，引导资金合理配置，保护投资者利益。

7 研究结论、建议与展望

7.1 主要结论

中国是一个人情社会，30 多年高速发展的中国资本市场，"同盟"与资本已深度融合。风险投资领域的资本因联合投资的常态更易同盟化，诸如外资背景的风投机构与本土机构容易结成"同盟"（罗家德 等，2014），IDG 稳定的"同盟"伙伴是北极光创投、晨兴资本、恩颐投资与中金资本等。九鼎投资与广发创新投资、昆仑投资和华创资本等在一定时期内形成了稳定的共同投资关系。比邻资本在 2013—2015 年，与德晖投资、富桥投资、平安资本和兴证资本都有过合作，但是合作次数较少，从 2014 年开始，与嘉鸿投资逐渐建立起"同盟"伙伴关系。

风险资本同盟在封闭、信任和忠诚的环境中，优势互补、资源共享，共同应对资金、信息和市场等风险，在新兴转型经济中，作为正式制度的补充，在风投机构自身价值增值和被投企业 IPO 阶段降低隐性成本方面均发挥着重要作用。但同时，"同盟"在被投企业上市后，为了创造条件顺利退出而诱发出资本错配的不公平问题，导致企业市场价值与内在价值的严重偏离，这不仅会侵害普通投资者的利益，阻碍新兴市场规范发展，而且关系着金融市场的长期稳定，是一个迫在眉睫的重要研究话题。

资本市场中的"同盟"现象逐渐得到众多学者的关注（罗家德 等，2014；罗吉 等，2017；金永红 等，2016；Bubna et al.，2019），但是对于"如何准确度量同盟关系"和"同盟"在转型经济中的作用和相关机制这些基本问题，现有研究尚未给出满意的答案，相关的大样本实证研究更是匮乏。本书选取了资本同盟化现象十分突出的风险投资领域作为天然的实验场所，在回顾和梳理相关文献的基础上，以非正式制度、重复博弈理论及信息不对称理论为理论基础，构建了风险资本同盟的价值增值效应理论分析框架来进行实证检验，得到以下主要结论。

首先，本书选取中国风投机构历年联合投资数据，从"差序格局"这一独特文化视角构建了风险资本同盟指标。数据来自清科私募通（PEdata）数据库中的"机构""投资事件"与"退出事件"三个子库。参考吴超鹏等（2012），国内对风险投资（Venture Capital）与私募股权投资（Private Equity）并未加以明显区分，本书选取了清科私募通数据库"机构"子库中机构类型为 PE、VC 的风险投资机构进行研究。

为保证数据质量，本书不仅对三个子库中的风投机构名称、所投公司名称进行了逐一比对和统一，也将所采用的风险投资机构的数据与上市公司招股说明书的数据进行了比对和增补。为进行数据匹配和有效识别风险资本同盟，对所有风投机构、投资事件和退出事件进行了所属投资集团的识别。例如，在"投资事件"子库中，对"九鼎投资""上海九鼎基金""夏启九鼎"等745个相关的投资观测值都逐一手工识别为"九鼎投资集团"。在消除极端值的影响和在剔除相关变量数据缺失的样本后，本书共获得 1 413 个风险投资机构数据，将共计 120 434 个观测值作为研究样本进行风险资本同盟的识别。本书定义在一定时期内，在风险资本市场中与风投机构 A 多次共同投资同一个项目的风投机构为风投机构 A 的风险资本同盟，并构建风险资本同盟指标，以此体现在个体层面呈现的以风投机构 A 为中心的"差序格局"，然后度量出风险资本同盟的静态及动态指标，包括"同盟"的有无、广度与深度、"同盟"的能量；动态指标采用滚动时间窗口的方法进行构建，每三年为一个窗口期，逐年滚动进行重新识别，得到动态调整的风险资本同盟指标。

在识别风险资本同盟的基础上，本书进一步考察了风险资本同盟的表现特征，并研究资本同盟化对风投机构自身价值提升的影响。结果发现，中国风投机构同盟化明显，表现出"物以类聚"的同质性特征，投资阶段和投资行业重合度高、距离相近的风投机构更易抱团；也存在"优势互补"的异质性特征，投资经验和上市运作能力差异较大、本土和海外机构更易形成"同盟"。此外，"资本同盟"对风投机构具有显著的价值提升效应，"资本同盟"的力量不仅提高了同盟内风投机构的投资数量、投资额度、IPO 数量及成功率，还表现出明显的"阶跃效应"，当低层同盟风投机构成为高层同盟合作伙伴后，投资效率加速提升。考虑到风险资本同盟可能存在内生性问题，本书采用工具变量两阶段回归法估计，结果依然稳健。同时，本书也可能存在样本自选择问题，采用 Heckman（1979）两阶段法，结果并未改变，说明本书的研究是稳健的。在进一步的机制分析中，本书发现，在市场化程度较低、产权保护较弱、法治化水平低、政府干预强的地区，风险资本同盟的经济效应更加明显，体现出显著的"润滑剂"功能。当面对监管政策变化时，风险资本同盟作为正式制度的补充，在经济政策不确定性越高的时期，"同盟"的增值效应越明显。此外，本书将私募基金管理政策变化作为外生冲击，研究发现风险资本同盟具有抵御政策不确定负面冲击的积极效果，在私募资管新规后显著提高了投资效率和绩效。

其次，本书研究了同盟化的风险资本对被投企业的价值增值效应。一方面，从隐性发行成本的视角研究了风险资本同盟在 IPO 阶段对被投企业的价值增值效应；另一方面，从被投企业市场价值与内在价值偏离的视角研究了风险资本同盟对股票资产误定价的影响。

我国的资本市场起步晚，发展仍不成熟，整体治理环境较差，隐性成本成为众多企业上市的"拦路虎"，对企业价值增值有极其负面的影响，尤其值得重视。目前学术界对 IPO 企业隐性发行成本的经济后果探讨较多，对其影响因素的系统研究较少且主要停留在外生的制度层面。然而，隐性发行成本并不完全由外界环境决定，企业如何发挥主观能动性提高质量和规范性、积极改善信息环境、降低发行的隐性成本并未引起学术界的足够重视。本书识别出在企业上市当年及前两年有风险资本同盟支持且在 A 股以 IPO 方式退出的企业信息，计算出风险资本同盟的有无、数量、能量指标，并以抑价成本、财经公关成本和上市时间成本三个维度衡量隐性发行成本，系统研究了风险资本同盟对隐性发行成本的影响。结果显示，同盟化的风险资本具有"认证"功能，能够显著降低 IPO 抑价率、财经公关费和缩短上市时间。此外，风险资本同盟通过加强企业内部监督、充当"润滑剂"、抵御不确定性冲击、降低信息不对称等渠道，系统降低隐性发行成本。为了尽量减轻内生性影响，本书分别采用 Heckman（1979）两阶段法、倾向得分匹配法以及随机抽样的安慰剂检验进行估计，结果保持一致，说明本书的研究是稳健的。进一步地，本书尝试探讨了经同盟"认证"的 IPO 企业质量如何，结果发现有风险资本同盟投资的企业在上市后较不容易发生业绩变脸，再次证实了风险资本同盟的价值增值效应。

风险资本的显著特征是承担高风险，获取高收益。风投资本需要在二级市场上减持才能"落袋为安"，股价自然是其关注的重点。在企业上市阶段，本书发现了风险资本同盟具有"认证"功能，可以减少信息不对称，降低隐性发行成本。那么，风险资本同盟在顺利通过 IPO 审核、企业上市后在资本市场的作用逻辑是否会发生改变，会如何影响被投企业市场价值，是否会纠偏资产错误定价？目前，学术界侧重于关注风投机构价格发现的效率功能（张学勇等，2011；Brav et al.，2000），却忽视了由"资本同盟"利益攫取而衍生出的公平问题。资本的力量究竟会激浊扬清，使股票价格回归基础价值，还是推波助澜，加剧企业市值的膨胀，有利于自身的成功退出？本书进而研究了风险资本同盟在企业上市后对股票错误定价的影响。结果发现风险资本同盟对股价具有非对称影响，"资本同盟"力量越强，股价高估越明显，但不显著影响低估程度。这一效应与风投资本退出时间相关，在锁定期当年和次年，"资本同盟"显著影响正向的错误定价，随后效应逐渐减弱。进一步的研究发现，风险资本同盟通过盈余管理的内部渠道推高股价，同时，也通过机构持股、媒体正面报道以及股票流动性等市场渠道推高企业市值。这显示出"资本同盟"明显的机会主义特征，为了自身利益诉求，在退出阶段通过不合理的手段推高股价，由此诱发出资本错配的不公平问题，不仅不利于企业长期市场价值增值，而且会侵害普通投资者的利益，阻碍新兴市场规范发展；而且一旦形成"资本同盟"权力私人化的不良风气，则可能影响到金融市场的长期稳定。为了尽量减轻内生性影响，本书分别采用工具变量两阶段法、Heckman（1979）两阶段法、双重差分法及倾向得分匹配法、随机抽样的安慰剂检验进行估计，结果保持一致。在稳健性部分，本书还参考（Chemmanur et al.，2012；杨开元等，2013；尹玉刚 等，2018）等，从市场异象的角度测算了企业股价的超额异常收益，并采用 CAPM（1964）、Fama-Frech 三因子（1993）和 Carhart 四因子模型（1997）进行验证，结果依然稳健。

7.2 政策建议

本书的研究结果表明，第一，中国风险资本市场中同盟化现象突出，表现出"物以类聚"的同质性特征和"优势互补"的异质性特征；第二，"资本同盟"对风投机构自身具有显著的价值提升效应和明显的"阶跃效应"；第三，风险资本同盟基于自身的利益诉求，对被投企业在不同阶段表现出不同的价值增值效应。首先，在被投企业 IPO 阶段，"资本同盟"发挥了"认证"功能，减轻了信息不对称，降低了隐性发行成本，增强了投资者对被投企业的认可，提升了企业价值，对新股发行效率有提升作用。从这一角度来看，"资本同盟"有助于企业价值增值、资本市场的良性发展和资源的有效配置。但同时本书发现，在顺利通过 IPO 审核、被投企业成功上市后，风险资本同盟在减持退出阶段表现出明显的机会主义特征，受利益驱动而推高股价，导致被投企业市场价值严重偏离基础价值，并且是通过盈余管理、媒体公关等不合理的手段抬高股价。由此可以看出，资本的力量以隐秘的方式直接或间接影响价格，导致资源错配，这显然有失公平。对于发展中的中国资本市场，与"资本同盟"相关的股价高估，极容易引起投资者的关注，改变市场的合理预期，特别是以非正常的方式推高股价，股价容易暴涨暴跌，会加剧投资者的损失，也会影响企业长期的价值增值和资本市场的稳定。

当前，我国经济正经历特殊的转型期，传统"差序文化"的根植和转型期的众多问题交织在一起，使得"同盟"现象更加突出，如何发挥"资本同盟"其"利"，约束其"弊"，在有效利用资本力量整合资源、凝聚力量的同时，加强对其动态监管具有十分重要的现实意义。基于此，本书提出政策建议如下：

（1）建立"资本同盟"数据库。监管机构需要全方位总结、分析、构建和识别市场中的各类"资本同盟"，不仅要针对风险资本产业中的"资本同盟"进行识别，而且要对各类场景中可能形成的"资本同盟"进行深入分析。"资本同盟"由关系网络演进形成，通常以隐秘的方式存在。例如银团贷款、商会网络、承销商网络等都可能进一步演化成"资本同盟"。监管机构应该对不同的"同盟"类型、规模、分布、能量进行量化分析，构建各类"资本同盟"数据库，为进一步有效利用"资本同盟"和对其加强动态监管夯实基础。

（2）重视和认清资本力量的边界，凝聚力量，有效利用。本书的研究发现意味着资本联结的力量能够带来积极的价值增值效应。"资本同盟"具有明显的信息优势和资源优势，在减少信息不对称、降低公司的隐性发行成本、提高新股发行效率、提升风投机构和被投企业价值等方面能够起到重要作用。同时，"同盟"在转型经济中充当了积极的"润滑剂"，作为非正式制度发挥了重要的补充作用，在面对政策不确定性和政策冲击时，"同盟"能够"抱团取暖"，共同应对不确定性。随着我国资本市场的蓬勃发展以及国际形势不确定性的加剧，凝聚资本力量，形成命运共同体，有助于为我国企业发展注入内在动力，提高资本市场资源配置效率，在经济下行的时期共同抵御负面冲击。

（3）建立三道防线，构建"资本同盟"违法负面清单，加强动态监管。"资本同盟"的裙带效应等现象可能引起资源的错配，一直都是金融监管机构面临的难题。本书的研究对金融资源、内幕交易以及违反市场规则行为的监控和排查提供了可能的途径，有助于降低监管部门的监管成本，对引导资本力量的有序竞争和机构投资者的治理监管具有一定的借鉴意义。风险资本同盟虽然具有"认证"功能，却也存在明显的机会主义动机，为了自身利益最大化以隐秘的方式直接或间接影响股价，其强大的市场力量可能成为资本市场泡沫的助推器，这显然有失公平，可能影响金融市场的长期稳定发展。建议监管机构建立三道防线动态进行监管。

首先，针对"资本同盟"中股价发生异动的股票以及在"资本同盟"退出的重要时间段，通过交易所监管问询函的方式排查操纵股价的行为，建立第一道防线；其次，证监会要求上市公司提交股价异动原因报告，建立第二道防线；最后，在定期财务报表中提交监管责任报告，建立第三道防线。同时，监管机构应当构建"资本同盟"违法负面清单，对"资本同盟"实行严刑峻法，针对在资本市场负面问题较多的"资本同盟"，提高"同盟"违法成本和市场示范效应，通过加强惩戒的方式规范"资本同盟"的运作。

（4）进一步降低发行成本，优化成本结构，提高资本市场效率。上市发行成本是企业对接资本市场、成功融资、提升价值的关键因素。在深化资本市场改革、稳步推进注册制的大背景下，降低隐性发行成本、合理化成本结构是优化资本市场生态环境和提高资源配置效率的当务之急。本书研究发现，同盟化的风险资本能够显著降低公司隐性发行成本，尤其是在公司信息透明度较低、较差的治理环境和市场环境中，"同盟"能够更显著地发挥"认证"功能。这意味着，不仅是外在的制度影响着隐性发行成本，公司也可以发挥主观能动性提高质量和规范性，积极改善信息环境以降低发行成本。既然风险资本同盟能够通过有效"认证"提升企业价值，增强投资者认可度，监管方应当呼吁、发掘和培育更多资本市场中的参与方以合理的方式积累声誉，并积极鼓励和引导其更好地发挥高声誉的"认证"作用，从根源上降低隐性发行成本，提高资源配置效率，助力企业价值增值。

参考文献

蔡宁，2015. "风险投资'逐名'动机与上市公司盈余管理" [J]. 会计研究（2）：20-27.

蔡宁，何星 2015. 社会网络能够促进风险投资的增值作用吗?: 基于风险投资网络与上市公司投资效率的研究 [J]. 金融研究（12）：178-193.

曹春方，贾凡胜，2020. 异地商会与企业跨地区发展 [J]. 经济研究（4）：150-166.

曹春方，张超，2020. 产权权利束分割与国企创新：基于中央企业分红权激励改革的证据 [J]. 管理世界（36）：155-168.

陈工孟，俞欣，寇祥河，2011. 风险投资参与对中资企业首次公开发行折价的影响：不同证券市场的比较 [J]. 经济研究（5）：74-85.

陈运森，谢德仁，2011. 网络位置、独立董事治理与投资效率 [J]. 管理世界（7）：113-127.

崔晓蕾，何婧，徐龙炳，2014. 投资者情绪对企业资源配置效率的影响：基于过度投资的视角 [J] 上海财经大学学报（6）：86-94.

党兴华，胡玉杰，王育晓，2016. 基于扎根理论的风险投资网络礼群形成影响因素研究 [J]. 科技进步与对策（19）：14-20.

樊纲，王小鲁，朱恒鹏，2016. 中国市场化指数各省区市场化相对进程2016年度报告 [M]. 经济科学出版社，2016.

方军雄，2014. 信息公开、治理环境与媒体异化：基于IPO有偿沉默的初步发现 [J]. 管理世界（11）：95-104.

方毅，牛慧，2021. 机构投资者对资产误定价的影响：抑制还是推助 [J]. 暨南学报：哲学社会科学版（6）：107-120.

费孝通，1948. 乡土中国 [M]. 北京：北京三联出版社.

冯根福，赵珏航，2012. 管理者薪酬、在职消费与公司绩效：基于合作博弈的分析视角 [J]. 中国工业经济（6）：147-158.

冯国锋, 2021. 同盟关系的伦理探析 [J]. 伦理学研究 (6): 115-121.

冯怡恬, 杨柳勇, 2019. 风险投资与高管辞职套现: 来自创业板的经验证据 [J]. 浙江社会科学 (9): 45-57, 69, 156-157.

冯照桢, 曹婷, 温军, 2016. 异质性风险投资、联合持股与 IPO 抑价 [J]. 中南财经政法大学学报 (2): 57-67.

付辉, 2015. 风险投资与创业企业的匹配结构: 来自中国的经验证据 [J]. 金融学季刊 (9): 149-166.

葛翔宇, 李玉华, 叶提芳, 2014. 风险投资参与对创业板企业市场表现的影响 [J]. 统计与决策 (1): 170-174.

苟燕楠, 董静, 2014. 风险投资背景对企业技术创新的影响研究 [J]. 科研管理 (2): 35-42.

郭杰, 张英博, 2012. 企业择时还是政府择时?: 中国特定制度背景下 IPO 市场时机选择对资本结构的影响 [J]. 金融研究 (7): 137-153.

郭四代, 2008. 构建创业投资企业声誉机制的博弈分析 [J]. 科技进步与对策 (4): 176-178.

胡刘芬, 沈维涛, 2014. 联合投资策略对风险投资绩效的影响研究 [J]. 证券市场导报 (11): 8-20.

胡刘芬, 周泽将, 2017. 风险投资机构的网络关系会影响联合投资决策吗?: 基于中国风险投资市场的经验证据 [J]. 山西财经大学学报 (5): 27-38.

花贵如, 刘志远, 许骞, 2011. 投资者情绪、管理者乐观主义与企业投资行为 [J]. 金融研究 (9): 178-191.

黄宏斌, 刘志远, 2014. 投资者情绪、信贷融资与企业投资规模 [J]. 证券市场导报 (7): 28-34, 39.

黄玖立, 李坤望, 2013. 吃喝、腐败与企业订单 [J]. 经济研究 (6): 71-84.

黄娅娜, 2018. 外资占比对创投机构投资行为和绩效的影响: 来自断点回归的经验证据 [J]. 投资研究 (9): 147-160.

江程铭, 2014. 风险投资中的短视效应及理论解释 [J]. 应用心理学, 20 (2).

金永红, 章琦, 2016. 中国风险投资网络的网络特性与社团结构研究 [J]. 系统工程学报 (2): 166-177.

李海霞, 王振山, 2014. 风险投资、IPO 抑价与上市公司发行成本: 来自我国创业板的经验数据 [J]. 投资研究 (3): 80-92.

李九斤, 徐畅, 2016. 风险投资特征对被投资企业 IPO 抑价的影响 [J]. 商业研究 (8): 73-82.

李君平, 徐龙炳, 2015. 资本市场错误定价、融资约束与公司融资方式选择 [J]. 金融研究 (12): 113-129.

李科, 徐龙炳, 朱伟骅, 2014. 卖空限制与股票错误定价: 融资融券制度的证据 [J]. 经济研究 (10): 165-178.

李璐, 杨敬静, 2014. IPO 长期市场表现的研究文献综述 [J]. 财会月刊 (理论版) (12): 96-101.

李培功, 2013. 媒体报道偏差的经济学分析 [J]. 经济学动态 (4): 145-152.

李寿喜, 2007. 产权、代理成本和代理效率 [J]. 经济研究 (1): 102-113.

李严, 庄新田, 罗国锋, 等, 2012. 风险投资策略与投资绩效: 基于中国风险投资机构的实证研究 [J]. 投资研究 (11): 88-100.

李曈, 宋贺, 2016. 风险投资与券商联盟对创业板上市公司 IPO 首发折价率的影响研究 [J]. 财经研究 (7): 40-51.

林毅夫, 张鹏飞, 2006. 适宜技术、技术选择和经济增长 [J]. 经济学季刊, 5 (4): 985-1006.

刘红忠, 张昉, 2004. 投资者情绪与上市公司投资: 行为金融角度的实证分析 [J]. 复旦学报 (社会科学版) (5): 64-68.

刘瑞, 陈收, 陈健, 2006. 市场时机对资本结构影响的持续度研究 [J]. 管理学报 (1): 85-90.

刘维奇, 武翰章, 2018. 投资者情绪会影响股票市场的误定价吗?: 基于上证 A 股市场的实证研究 [J]. 金融与经济 (3): 19-25.

刘伟, 程俊杰, 敬佳琪, 2013. 联合创业投资中领投机构的特质、合作模式、成员异质性与投资绩效: 基于我国上市企业的实证研究 [J]. 南开管理评论 (6): 136-148, 157.

刘烨, 罗建兵, 2013. 保荐制与股票隐性发行费用: 兼论股票发行权管制放松的交易成本效应 [J]. 中南财经政法大学学报 (4): 93-100.

刘烨, 吕长江, 2015. 公司 IPO 盈余管理路径研究: 以贵人鸟为例 [J]. 南开管理评论 (6): 81-89.

柳建平, 程时雄, 2012. 社会资本的双重特性及其对国家创新体系构建的作用机理［J］. 管理世界（5）：172-173.

陆冰然，2010. 非正式制度，社会资本与契约选择［D］. 天津：南开大学博士论文.

陆铭，李爽，2008. 社会资本、非正式制度与经济发展［J］. 管理世界（9）：161-165，179.

陆蓉，何婧，崔晓蕾，2017. 资本市场错误定价与产业结构调整［J］. 经济研究（11）：104-118.

陆瑶，张叶青，贾睿，等，2017. "辛迪加"风险投资与企业创新［J］. 金融研究（6）：159-175.

陆瑶，胡江燕，2014. CEO与董事间的"老乡"关系对我国上市公司风险水平的影响［J］. 管理世界（3）：131-138.

陆瑶，胡江燕，2016. CEO与董事间的"老乡"关系对公司违规行为的影响研究［J］. 南开管理评论，19（2）：52-62.

罗吉，党兴华，2017. 我国风险投资网络社群识别、群间差异与投资绩效研究［J］. 管理评论（9）：48-58.

罗家德，2020. 中国治理［M］. 北京：中信出版社.

罗家德，秦朗，周伶，2014. 中国风险投资产业的同盟现象［J］. 管理学报（4）：469-477.

罗琦，罗洪鑫，2018. 风险资本的价值增值功能分析：基于网络信息披露的视角［J］. 南开管理评论（1）：63-74.

罗炜，余琰，周晓松，2017. 处置效应与风险投资机构：来自IPO公司的证据［J］. 经济研究（4）：181-194.

帕特里克·博尔顿，马赛厄斯·德瓦特里庞，2014. 合同理论［M］. 上海：格致出版社.

潘越，戴亦一，魏诗琪，2011. 机构投资者与上市公司"合谋"了吗?：基于高管非自愿变更与继任选择事件的分析［J］. 南开管理评论（2）：69-81.

潘越，潘健平，戴亦一，2016. 专利侵权诉讼与企业创新［J］. 金融研究（8：191-206.

钱苹，张帏，2007. 我国创业投资的回报率及其影响因素［J］. 经济研究（5）：78-90.

权小锋，尹洪英，2017. 风险投资持股对股价崩盘风险的影响研究［J］. 科研管理（12）：89-98.

桑玉成，孙琳，2012. 论政治运行中的人伦关系与道德基础 [J]. 南京师大学报（社会科学版）(3)：5-11.

邵新建，何明燕，江萍，等，2015. 媒体公关、投资者情绪与证券发行定价 [J]. 金融研究 (9)：190-206.

申宇，赵静梅，何欣，2015. 校友关系网络、基金投资业绩与同盟效应 [J]. 经济学季刊 (1)：403-428.

申宇，赵玲，吴风云，2017. 创新的母校印记：基于校友圈与专利申请的证据 [J]. 中国工业经济 (8)：156-173.

石广平，刘晓星，姚登宝，等，2018. 过度自信、市场流动性与投机泡沫 [J]. 管理工程学报 (3)：63-72.

宋常，揭晓小，2015. 增发配股、媒体关注度与资产误定价 [J]. 中国会计评论 (3)：307-322.

宋顺林，辛清泉，2017. 新股发行隐性成本与上市后业绩表现：基于 IPO 停摆外生事件的经验证据 [J]. 经济学（季刊）(4)：1449-1476.

宋媛媛，杜闪，2017. 资产误定价影响了企业投资敏感性吗？：来自中国沪深 A 股上市公司的经验数据 [J]. 金融与经济 (2)：13-19.

孙亮，邢立全，黄欢，等，2015. 注册制下降低企业上市成本的建议 [J]. 上海证券交易所研究报告，2015 (73).

谈毅，陆海天，高大胜，2009. 风险投资参与对中小企业板上市公司的影响 [J]. 证券市场导报 (5)：26-33.

唐霖露，谈毅，2015. 中国风险投资机构联合投资绩效研究：来自中国 IPO 市场的实证研究 [J]. 复旦学报（自然科学版）(3)：336-342.

唐绍欣，2003. 传统、习俗与非正式制度安排 [J]. 江苏社会科学 (5)：46-50.

汪昌云，武佳薇，孙艳梅，等，2015. 公司的媒体信息管理行为与 IPO 定价效率 [J]. 管理世界 (1)：118-128.

王博恒，2016. 媒体情绪对头条新闻股票的市场表现的影响：基于四大证券报 [D]. 成都：西南财经大学.

王聪聪，布艳辉，2019. 联合投资对 IPO 抑价的影响：来自创业板上市公司的经验证据 [J]. 金融发展研究 (4)：79-86.

王木之，李丹，2016. 资本市场中的媒体公关：来自我国企业 IPO 的经验证据 [J]. 管理世界 (7)：121-136，188.

王生年，朱艳艳，2017. 股权激励影响了资产误定价吗：基于盈余管理的

中介效应检验 [J]. 现代财经（天津财经大学学报）(7): 89-101.

王正位, 赵冬青, 朱武祥, 2007. 资本市场磨擦与资本结构调整: 来自中国上市公司的证据 [J]. 金融研究 (4): 109-119.

魏建国, 2010. 法治现代化不可忽视的环节: 非正式制度与本土资源——以普遍信任为视角 [J]. 学术论坛 (5): 131-136.

尉建文, 陆凝峰, 韩杨, 2021. 差序格局、同盟现象与社群社会资本 [J]. 社会学研究 36 (4): 182-200.

魏志华, 曾爱民, 吴育辉, 等, 2018. IPO补税影响IPO抑价吗?: 基于信息不对称理论视角 [J]. 金融研究 (1): 191-206.

温军, 冯根福, 2018. 风险投资与企业创新: "增值"与"攫取"的权衡视角 [J]. 经济研究 (2): 185-199.

吴超鹏, 吴世农, 程静雅, 等, 2012. 风险投资对上市公司投融资行为影响的实证研究 [J]. 经济研究 (1): 105-119.

吴文锋, 吴冲锋, 刘晓薇, 2008. 中国民营上市公司高管的政府背景与公司价值 [J]. 经济研究 (7): 130-141.

夏立军, 方轶强, 2005. 政府控制、治理环境与公司价值: 来自中国证券市场的经验证据 [J]. 经济研究 (5): 40-51.

肖淑芳, 罗丹, 2007. 高技术企业价值来源于评估初探 [J]. 北京理工大学学报 (6): 64-73.

肖条军, 2004. 博弈论及其应用 [J]. 上海: 生活·读书·新知三联书店.

谢羽婷, 2009. 智力资本增值能力与企业市场价值的实证研究: 来自我国企业的经验研究 [J]. 科技管理研究 (12): 281-285.

徐浩萍, 杨国超, 2013. 股票市场投资者情绪的跨市场效应: 对债券融资成本影响的研究 [J]. 财经研究 (2): 47-57.

徐寿福, 徐龙炳, 2015. 信息披露质量与资本市场估值偏误 [J]. 会计研究 (1): 40-47, 96.

许罡, 2020. 企业社会责任报告强制披露对资产误定价的影响: 信息揭示还是掩饰? [J]. 经济与管理研究 (7): 61-76.

杨开元, 刘斌, 王玉涛, 2013. 资本市场应计异象: 模型误设还是错误定价 [J]. 统计研究 (10): 68-74.

杨其静, 程商政, 朱玉, 2015. VC真在努力甄选和培育优质创业型企业吗?: 基于深圳创业板上市公司的研究 [J]. 金融研究 (4): 192-206.

叶康涛, 曹丰, 王化成, 2015. 内部控制信息披露能够降低股价崩盘风险吗？[J]. 金融研究 (2): 192-206.

易志高，潘子成，茅宁，等，2017. 策略性媒体披露与财富转移：来自公司高管减持期间的证据 [J]. 经济研究 (4): 166-180.

易志高，程雁，2019. 财经公关提升公司价值了吗?：来自公司 IPO 期间的经验证据 [J]. 科学决策 (1): 1-24.

易志高，茅宁，2009. 中国股市投资者情绪测量研究：CICSI 的构建 [J]. 金融研究 (11): 174-184.

尹海员，吴兴颖，2019. 投资者日度情绪、超额收益率与市场流动性：基于 DCC-GARCH 模型的时变相关性研究 [J]. 北京理工大学学报 (社科版) (5): 76-87, 114.

尹玉刚，谭滨，陈威，2018. 套利非对称性、误定价与股票特质波动 [J]. 经济学 (季刊) (3): 1235-1258.

游家兴，吴静，2012. 沉默的螺旋：媒体情绪与资产误定价 [J]. 经济研究 (7): 141-152.

余明桂，回雅甫，潘红波，2010. 政治联系、寻租与地方政府财政政策有效性 [J]. 经济研究 (3): 65-77.

余为政，叶敏蕾，2003. 重大事件与封闭式基金的信息披露 [J]. 中国会计评论 (10): 131-143.

袁涛，2018. 资产误定价与企业股价崩盘风险相关性研究：基于风险投资属性视角 [J]. 财会通讯 (36): 119-123.

翟学伟，1998. 中国人社会行动的结构：个人主义和集体主义的终结 [J]. 南京大学学报 (1): 123-130.

张光利，薛慧丽，高皓，2021. 企业 IPO 价值审核与股票市场表现经济研究 [J]. 经济研究 (10): 155-171.

张静，2017. 会计信息质量、投资者有限理性与资产误定价 [D]. 石河子：石河子大学.

张静，王生年，2016. 资产误定价对过度投资的影响路径 [J]. 财经科学 (3): 69-78.

张鹏，谭庆美，李胜楠，等，2015. CEO 权力对盈余管理影响的实证研究 [J]. 武汉理工大学学报 (信息与管理工程版) (5): 69-78.

张维迎，1996. 博弈论与信息经济学 [M]. 上海：上海人民出版社.

张维迎，柯荣住，2002. 信任及其解释：来自中国的跨省调查分析 [J]. 经济研究 (10): 59-70.

张曦如，冒大卫，路江涌，2017. 海外风险投资机构在中国：投资选择、联合投资与投资绩效 [J]. 管理学季刊 (1)：118-119.

张学勇，廖理，罗远航，2014. 券商背景风险投资与公司 IPO 抑价：基于信息不对称的视角 [J]. 中国工业经济 (11)：90-101.

张学勇，廖理，2011. 风险投资背景与公司 IPO：市场表现与内在机理 [J]. 经济研究 (6)：118-132.

张学勇，张叶青，2016. 风险投资、创新能力与公司 IPO 的市场表现 [J]. 经济研究 (10)：112-125.

赵静梅，傅立立，申宇，2015. 风险投资与企业生产效率，助力还是阻力？[J]. 金融研究 (11)：159-174.

赵玲，黄昊，2019. 高铁开通与资产误定价：基于新经济地理学视角的分析 [J]. 经济与管理研究 (4)：76-92.

郑也夫，彭泗清，等，2003. 中国社会中的信任 [J]. 北京：中国城市出版社.

周黎安，2009. 中国地方官员的晋升锦标赛模式研究 [J]. 经济研究 (7：36-50.

周育红，宋光辉，2014. 中国创业投资网络的动态演进实证 [J]. 系统工程理论与实践 (11)：2748-2759.

朱宏泉，刘晓倩，李亚静，2021. 经济政策不确定性对 A 股 IPO 抑价的影响研究 [J]. 系统工程理论与实践 (5)：1197-1210.

ADLER S, KWON W, 2002. Social capital：prospects for a new concept [J]. Academy of Management Review, 27 (1)：17-40.

AIDIS R, ESTRIN S, MICKIEWICZ T, 2008. Institutions and entrepreneurship development in Russia：a comparative perspective [J]. Journal of Business Venturing, 23 (6)：656-672.

AKERLOF G A, 1970. The market for lemons：quality uncertainty and the market mechanism [J]. The Quarterly Journal of Economics, 84 (3)：488-500.

ALCHIAN A A, DEMSETZ H, 1972. Production, information costs, and economic organization [J]. American Economic Review, 62 (5)：777-795.

ALI A, HWANG L S, TROMBLEY, M A, 2003. Arbitrage risk and the book-to-market anomaly [J]. Journal of Financial Economics, 69 (2)：355-373.

ALLEN F, FAULHABER G R, 1989. Signaling by underpricing in the IPO market [J]. Journal of Financial Economics, 23 (2)：303-323.

ALLEN F, QIAN J, QIAN M, 2005. Law, finance, and economic growth in China [J]. Journal of Financial Economics, 77 (1): 57-116.

AMIHUD, 2002. Illiquidity and stock returns: cross-section and time-series effects [J]. Journal of Financial Markets, 5 (1): 31-56.

AMIT R, GLOSTEN L, MULLER E, 1990. Entrepreneurial ability, venture investment and risk sharing [J]. Management Science, 36 (10): 1232-1245.

ANG J S, BRAU J C, 2002. Firm transparency and the cost of going public [J]. The Journal of Financial Research, 25 (1): 1-17.

ARROW K J, 1963. Uncertainty and welfare economics of medical care [J]. The American Economic Review, 53: 941-973.

BACHMANN R, SCHINDELE I, 2006. Theft and syndication in venture capital finance [J]. 10. 2139/ssrn. 896025.

BAKER M, GOMPERS P A, 2003. The determinants of board structure at the initial public offering [J]. The Journal of Law and Economics, 46 (2): 569-598.

BAKER M, STEIN J C, WURGLER J, 2003. When does the market matter? Stock prices and the investment of equity-dependent firms [J]. Quarterly Journal of Economics, 118 (3): 969-1005.

BAKER M, WURGLER J, 2006. Investor sentiment and the cross-section of stock returns [J]. The Journal of Finance, 61: 1645-1680.

BAKER S R, BLOOM N, DAVIS S J, 2016. Measuring economic policy uncertainty [J]. The Quarterly Journal of Economics, 131 (4): 1593-1636.

BALL R, SHIVAKUMAR L, 2008. Earnings quality at initial public offerings [J]. Journal of Accounting and Economics, 45 (2): 324-349.

BARON D P, 1982. A model of the demand for investment banking advising and distribution services for new issues [J]. The Journal of Finance, 37 (4): 955-976.

BARON D P, HOLMSTROM, 1980. The investment banking contract for new issues under asymmetric information: delegation and the incentive problem [J]. Journal of Finance, 35 (5): 1115-1138.

BARRY C B, MUSCARELLA C J, PEAVY III J W, 1990. The role of venture capital in the creation of public companies: evidence from the going public process [J]. Journal of Financial Economics, 27 (2): 447-471.

BAYAR O, CHEMMANUR TJ, XUAN T, 2019. Peer monitoring, syndication, and the dynamics of venture capital interactions: theory and evidence [J]. The Journal of Financial and Quantitative Analysis, 55 (6): 1875-1914.

BEATTY R P, RITTER J R, 1986. Investment banking, reputation, and the underpricing of initial public offerings [J]. Journal of Financial Economics, 15 (1): 213-232.

BECKER G S, MURPHY K M, 1993. A simple theory of advertising as a good or bad [J]. The Quarterly Journal of Economics, 108 (4): 941-964.

BeNVENISTE L M, LJUNGQVIST A, WILHELM JR W J, et al., 2003. Evidence of information spillovers in the production of investment banking services [J]. The Journal of Finance, 58 (2): 577-608.

BERGER P G, OFEK E, 1995. Diversification's effect on firm value [J]. Journal of Financial Economics, 37 (1): 39-65.

BOEHMER E, KELLEY E. K, 2009. Institutional investors and the informational efficiency of prices [J]. The Review of Financial Studies, 22 (9): 3563-3594.

BOLLAZZI F, RISALVATO G, VENEZIA C, 2019. Asymmetric information and deal selection: evidence from the Italian venture capital market [J]. International Entrepreneurship and Management Journal, 15: 721-732.

BOTTAZZI L, RIN M D, HELLMANN T, 2008. Who are the active investors?: evidence from venture capital [J]. Journal of Financial Economics, 89 (3): 488-512.

BRANDER J A, AMIT R, ANTWEILER W, 2002. Capital syndication: improved venture selection vs the value-added hypothesis [J]. Journal of Economics & Management Strategy, 11 (3): 423-452.

BRAV A, GECZY C, GOMPERS P, 2000. Is the abnormal return following equity issuances anomalous? [J]. Journal of Financial Economics, 56 (2): 209-249.

BRAV A, GOMPERS P, 1997. Myth of reality? The long-run underperformance of initial public offerings: evidence from venture and nonventure capital-backed companies [J]. Journal of Finance, 52 (5): 1791-1821.

BREWER M, 1979. In-group bias in the minimal intergroup situation: a cognitive-motivational analysis [J]. Psychological Bulletin, 86 (2): 307-324.

BREWER M, CAMPBELL D, 1976. Ethnocentrism and intergroup attitudes:

east African evidence [J]. NewYork: Wiley.

BRUTON G D, AHLSTROM D, 2003. An institutional view of China's venture capital industry: explaining the differences between China and the West [J]. Journal of Business Venturing, 18 (2): 233-259.

BUBNA A, DAS S R, PRABHALA N, 2019. Venture capital communities [J/OL]. http://dx.doi.org/10. 2139/ssrn.1787412.

BURT R, 1992. Structural holes: the social structure of competition [M]. Cambridge: Harvard University Press.

BYGRAVE W D, 1988. Syndicated investments by venture capital firms: a networking perspective [J]. Journal of Business Venturing, 2 (2): 139-154.

CARHART, M. M., 1997. On persistence in mutual fund performance [J]. The Journal of Finance, 52 (1): 57-82.

CASAMATTA C, HARITCHABALET C, 2007. Learning and syndication in venture capital investment [J]. Journal of Financial Intermediation, 16: 368-396.

CESTONE G, LERNER J, WHITE L, 2007. The design of syndicates in venture capital [J]. SSRN Working Paper, 967310.

CHANEY P K, LEWIS C M, 1995. Earnings management and firm valuation under asymmetric information [J]. Journal of Corporate Finance, 1 (3): 319-345.

CHEMLA G, LJUNGQVIST A, HABIB MA, 2004. An analysis of shareholder agreements [J/OL]. http://dx.doi.org/10. 2139/ssrn.299420.

CHEMMANUR T J, LOUTSKINA E, 2006. The role of venture capital backing in initial public offerings: certification, screening, or market power? [J/OL]. SSRN Electronic Journal, DOI: 10. 2139/ssrn. 604882.

CHEMMANUR, T J, LOUTSKINA, E, TIAN, X, 2014. Corporate venture capital, value creation, and innovation [J]. Review of Financial Studies, 27 (8): 2434-2473.

CHEMMANUR T J, FULGHIERI P, 1994. Investment bank reputation, information production and financial intermediation [J]. Journal of Finance, 49 (1): 57-79.

CHEMMANUR T J, KRISHNAN K, QIANQIAN YU, 2016. Venture capital backing, investor attention, and initial public offerings [J/OL]. http://dx. doi. org/10. 2139/ssrn.2851196.

CHEMMANUR T J, LOUTSKINA E, TIAN X, 2012. The role of venture capital syndication in value creation for entrepreneurial firms [J]. Review of Finance, 16: 245-283.

CHEN S, SUN Z, TANG S, et al., 2011. Government intervention and investment efficiency: evidence from China [J]. Journal of Corporate Finance, 17 (2): 259-271.

CHIRINKO R S, SCHALLER H, 2011. Fundamentals, misvaluation, and investment [J]. Journal of Money, Credit and Banking, 43 (7): 1423-1442.

CHIZEMA A, LIU X, LU J, et al., 2015. Politically connected boards and top executive pay in Chinese listed firms [J]. Strategic Management Journal, 36: 890-909.

CHULUUN T, PREVOST A, PUTHEWNPURACKAL J, 2010. Board networks and the cost of corporate debt [J/OL]. working paper, http://www.onlinelibrary.wiley.com/doi/abs/10.1111/fima.12047.

CLAUSET A, MOORE C, 2005. Accuracy and scaling phenomena in internet mapping [J]. Physical Review Letters, 94 (1): 1-14.

COASE R H, 1937. The nature of the firm [J]. Economica, 4 (16): 386-405.

COHEN L, FRAZZINI A, MALLOY C, 2010. Sell-side school ties [J]. Journal of Finance, 65 (4): 1409-1437.

COPELAND T E, KOLLER T, MURRIN J, 1994. Valuation: measuring and managing the value of companies [M]. New York: Wiley.

CUMMING D J, 2005. Capital structure in venture finance [J]. Journal of Corporate Finance, 11 (3): 550-585.

CUMMING D J, DAI N, 2010. Local Bias in venture capital investment [J]. Journal of Empirical Finance, 17 (3): 362-380.

CYR L A, JOHNSON D E, WELBOURNE T M, 2000. Human resourses in initial public offering firms: do venture capitalists make difference [J]. Entrepreneurship Theory and Practice, 25 (1): 77-92.

D' MELLO R, SHROFF P K, 2000. Equity undervaluation and decisions related to repurchase tender offers: an empirical investigation [J]. Journal of Finance, 55 (5): 2399-2425.

DAL BÓ P, FRÉCHETTE G R, 2011. The evolution of cooperation in infinitely repeated games: experimental evidence [J]. American Economic Review, 101 (1): 411-429.

DANIE K, HIRSHLEIFER D, SUBRAHMANYAM A, 1998. Investor psychology and security market under and overreactions [J]. Journal of Finance, 53 (6): 1839-1885.

DANIEL N DELI, MUKUNTHAN, SANTHANAKRISHNAN, 2010. Syndication in venture capital financing [J]. Financial Review, 45 (3): 557-578.

DAS S R, JO H, KIM Y, 2011. Polishing diamonds in the rough: the source of syndicated venture performance [J]. Journal of Financial Intermediation, 20 (2): 199-230.

DAVID P. BARON, 1982. A model of the demand for investment banking advising and distribution services for new issues [J]. The Journal of Finance, 37 (4): 955-976.

DAVILA A, FOSTER G, 2005. Management accounting systems adoption decisions: evidence and performance implications from early-stage startup companies [J]. Accounting Review, 80 (4): 1039-1068.

DE LONG J B, SHLEIFER A, SUMMERS L H, 1990. Noise trader risk in financial markets [J]. Journal of Political Economy, 98 (4): 703-738.

DECHOW P M, SLOAN R G, SWEENEY A P., 1995. Detecting earnings management [J]. The Accounting Review, 70 (2): 193-225.

DEEDS D L, DECAROLIS D M, 1999. The impact of stocks and flows of organizational knowledge on firm performance: an empirical investigation of the biotechnology industry [J]. Strategic Management Journal, 20 (10): 953-968

DELI D, SANTHANAKRISHNAN M, 2010. Syndication in venture capital financing [J]. Financial Review, 45 (3): 557-578.

DIAMOND D, 1984. Financial intermediation and delegated monitoring [J]. Review of Economic Studies, 51 (3): 393-414.

DIMOV D, MILANOV H, 2010. The interplay of need and opportunity in venture capital investment syndication [J]. Journal of Business Venturing, 25 (4): 331-348.

DIMOV D, SHEPHERD D A, SUTCLIFFE K M, 2007. Requisite expertise, firm reputation, and status in venture capital investment allocation decisions [J]. Journal of Business Venturing, 22 (4): 481-502.

DONG M D, HIRSHLEIFER RICHARDSON S, TEOH S H, 2006. Does investor misvaluation drive the takeover market? [J]. Journal of Finance, 61 (2): 725-762.

DOUKAS J A, GONENC H, 2005. Long-term performance of new equity issuers, venture capital and reputation of investment bankers [J]. Economic Notes, 34 (1): 1-34.

DU Q, 2016. Birds of a feather or celebrating differences? The formation and impact of venture capital syndication [J]. Journal of Empirical Finance, 39 (a): 1-14.

ERIK E, LEHMANN, 2006. Does venture capital syndication spur employment growth and shareholder value? Evidence from German IPO Data [J]. Small Business Economics, 26 (5): 455-464.

FALEYE O, KOVACS T, VENKATESWARAN A, 2014. Do better-connected CEOs innovate more [J]. Journal of Financial and Quantitative Analysis, 49 (5): 1201-1225.

FAMA E F, FRENCH K R, 1993. Common risk factors in the returns on stocks and bonds [J]. Journal of Financial Economics, 33 (1): 3-56.

FELTHAM G A, OHLSON J A, 1995. Valuation and clean surplus accounting for operating and financial activities [J]. Contemporary Accounting Research, 11 (2): 681-731.

FISCHER S, MERTON R C, 1984. Macroeconomics and finance: the role of the stock market [J]. Carnegie-Rochester Conference Series on Public Policy, 21: 57-108.

FISHER I, 1906. The nature of capital and income [M]. Londou: The Macmillan Company.

FLAP H, DE GRAAF N D, 1986. Social capital and attained occupational status [J]. Netherlands Journal of Sociology, 22 (2): 145-161.

FRACASSI C, TATE G, 2012. External networking and internal firm goverance [J]. Journal of Finance, 67 (1): 153-194.

FRANKEL R, LEE C M C, 1998. Accounting valuation, market expectation and crosssectional stock returns [J]. Journal of Accounting and Economics, 25 (3): 283-319.

FREEMAN L C, 1979. Centrality in Social networks conceptual clarification

[J]. Social Networks, 1 (3): 215-239.

FRIED V H, HISRICH R D, 1994. Toward a model of venture capital investment decision making [J]. Financial Management, 23 (3): 28-37.

FRIED V H, BRUTON G D, HISRICH R D, 1998. Strategy and the board of directors in venture capital-backed firms [J]. Journal of Business Venturing, 13 (6): 493-503.

FRIEDMAN M, 1953. The case for flexible exchange rates [M]. Chicago: The University of Chicago Press.

GARTON L, HAYTHOMTHWAITE C, WELLMAN B, 1997. Studying online social networks [J]. https://eric.ed.gov/? id=EJ562378.

GeORGE T, HWANG C, LI Y, 2018. The 52-week high, Q theory and the cross section of stock returns [J]. Journal of Financial Economics, 128 (1): 148-163.

GIOT P, 2007. IPOs, Trade sales and liquidations: modeling venture capital exits using survival analysis [J]. Journal of Banking and Finance, 31 (3): 679-702.

GIRVAN M, NEWMAN M E, 2002. Community structure in social and biological networks [J]. Proceedings of the National Academy of Sciences, 99 (12): 7821-7826.

GOMPERS P A, 1996. Grandstanding in the venture capital industry [J]. Journal of Financial Economics, 42: 133-156.

GOMPERS P A, LERNER J, 1997. Risk and reward in private equity investments: the challenge of performance assessment [J]. The Journal of Private Equity, 1 (2): 5-12.

GOMPERS P A, LERNER J, 1998. What drives venture capital fundraising? [J]. Brookings Papers on Economic Activity. Microeconomics, 1998 (1998): 149-204.

GOMPERS P A, LERNER J, 1999. An analysis of compensation in the U. S. venture capital partnership [J]. Journal of Financial Economics, 51 (1): 3-44.

GOMPERS P A, METRICK A, 2001. Institutional investors and equity prices [J]. Quarterly Journal of Economics, 116 (1): 229-259.

GOMPERS P A, MUKHARLYAMOV V, XUAN Y, 2016. The cost of friendship [J]. Journal of Financial Economics, 119 (3): 626-644.

GRANOVETTER M, 1973. The strength of weak ties [J]. The American Journal of Sociology, 78 (6): 1360-1380.

GUDYKUNST W B, STEWART L P, STELLA T, 1985. Communication, culture, and organizational processes, Beverly Hills, CA: Sage.

GULATI R, SYTCH M, 2007. Dependence asymmetry and joint dependence in interorganizational relationships: effects of embeddedness on a manufacturer's performance in procurement relationships [J]. Administrative Science Quarterly, 52 (1): 32-69.

GULEN H, M ION, 2015. Editor's choice: policy uncertainty and corporate investment [J]. Review of Financial Studies, 29 (3): 523-564.

HABIB M A, LJUNGQVIST A, 1998. Underpricing and IPO proceedes: a note [J]. Economics Letters, 61 (3): 381-383.

HAMBRICK D C, CHO T S, CHEN M J, 1996. The influence of top management team heterogeneity on firm's competitive moves [J]. Administrative Science Quarterly, 41 (4):: 659-84.

HANIFAN L J, 1916. The rural school community centre [J]. Annals of the American Academy of Political and Social Sciences, 67 (1): 130-38.

HAYTHORNTHWAITE C, WELLMAN B, MANTEI M, 1995. Work relationships and media use: a social network analysis [J]. Group Decision and Negotiation, 4 (3): 193-211.

HEALY P M, PALEPU K G, 2001. Information asymmetry, corporate disclosure, and the capital markets: a review of the empirical disclosure literature [J]. Journal of Accounting and Economics, 31 (1-3): 405-440.

HELLMANN T, PURI M, 2000. The interaction between product market and financing strategy: the role of venture capital [J]. Review of Financial Studies, 13 (4): 959-984.

HOCHBERG Y V, LINDSEY L A, WESTERFIELD M M, 2015. Resource accumulation through economic ties: evidence from venture capital [J]. Journal of Financial Economics, 118 (2): 245-267.

HOCHBERG Y V, LJUNGQVIST A, LU Y, 2007. Whom you know matters: venture capital networks and investment performance [J]. The Journal of Finance, 62 (1): 251-301.

HOCHBERG Y V, LJUNGQVIST A, LU Y, 2010. Networking as a barrier to entry and the competitive supply of venture capital [J]. The Journal of Finance, 65 (3): 829-859.

HOPP C, RIEDER F, 2010. What deives venture capital syndication [J/OL]. https://papers.ssrn.com/sol3/papers.cfm? abstract_id = 875629.

HWANG K, KIM S, 2012. Social Ties and earnings management [J/OL]. SSRN Working Paper, https://papers.ssrn.com/sol3/ abstract_id = 1215962.

IBBOTSON R G, SINDELAR J L, RITTER J R, 1994. The market's problems with the pricing of initial public offerings [J]. Journal of Applied Corporate Finance, 7 (1): 66-74.

IBBOTSON ROGER G, 1975. Price performance of common stock new issues [J]. Journal of Financial Economics, 2 (3): 235-272.

IKENBERRY D, LAKONISHOK J, VERMAELEN T, 1995. Market underreaction to open market share repurchases [J]. Journal of Financial Economics, 39 (2-3): 181-208.

JAMES R B, 2005. Venture capital and firm performance over the long-run: evidence from high-tech IPOs in the United States [J]. Journal of Entrepreneurial Finance, 2 (10): 1-33.

JENG L A, WELLS, P C, 1998. The determinants of venture capital funding [J]. Journal of Corporate Finance, 6 (3): 241-289.

JEPPSSON H, 2018. Initial public offerings, subscription precommitments and venture capital participation [J]. Journal of Corporate Finance, 50 (6): 650 - 668.

JIN X, LEI G, YU J, 2014. Government governance, executive networks and enterprise R&D expenditure [J]. Journal of Accounting Research, 9 (1): 59-81.

KAHNEMAN D, TVERSKY A, 1979. Prospect theory: an analysis of decision under risk [J]. Econometrica, 47 (v): 263-291.

KAISER D G, LAUTERBACH R, 2007. The need for diversification and its impact on the syndication probability of venture capital investment [J]. Journal of Alternative Investments, 10 (3): 62-79.

KAPLAN S, SENSOY B, STROMBERG P, 2002. How well do venture capital databases reflect actual investments? [J/OL]. https://papers.ssrn.com/sol3/papers. cfm? abstract_id = 939073.

KAPLAN S, STROMBERG P, 2000. Financial contracting theory meets the real world: an empirical analysis of venture capital contracts [J]. NBER Working Paper, No. 7660.

KAPLAN S, STROMBERG P, 2001. Venture capitalists as principals: contracting, screening, and monitoring [J]. American Economic Review, 91 (2): 426–430.

KAPLAN, S, STROMBERG P, SENSOY B A, 2002. How well do venture capital databases reflect actual investments? [J/OL]. http://dx.doi.org/10.2139/ssrn.939073.

KORTUM S, LERNER J, 2000. Assessing the contribution of venture capital to innovation [J]. Journal of Economics, 31 (4): 674 –692.

LEE C M C, MYERS J, SWAMINATHAN B, 1999. What is the intrinsic value of the dow? [J]. Journal of Finance, 54 (5): 1693–1741.

LEHMANN E E, 2006. Does venture capital syndication spur employment growth and shareholder value? Evidence from German IPO data [J]. Journal of Small Business Economics, 26 (5): 455–464.

LERNER J, 1994. The syndication of venture capital investments [J]. Financial Management, 23 (3): 16–27.

LERNER J, 1995. Venture capitalists and the oversight of private firms [J]. The Journal of Finance, 50 (1): 301–318.

LERNER J, GOMPERS P, 2001. The money of invention: how venture capital creates new wealth, Boston: Harvard Business School Press.

LESLIE A J, PHILIPPE C W, 2000. The determinants of venture capital funding: evidence across countries [J]. Journal of Corporate Finance, 6 (3): 241–289.

LI J, YU J, 2012. Investor attention, psychological anchors, and stock return predictability [J]. Journal of Financial Economics, 104 (2): 401–419.

LI S, 2003. The role of expected value illustrated in decision-making under risk: single-play vs. multiple-play [J]. Journal of Risk Research, 6 (2): 113–124.

LI X, WANG S S, WANG X, 2019. Trust and IPO underpricing [J]. Journal of Corporate Finance, 56: 224–248.

LI X, WANG S S, WANG X, 2017. Trust and stock price crash risk: evidence from China [J]. Journal of Banking & Finance, 76 (3): 74–91.

LIN N, 2001. Social capital: a theory of social structure and action [J]. Cambridge: Cambridge university Press.

LIU B B, TIAN X, 2017. Do venture capital investors learn from public markets? [J/OL]. http://dx.doi.org/10. 2139/ssrn.2780890.

LIU Y, MAULA M, 2016. Local partnering in foreign ventures: uncertainty, experiential learning, and syndication in cross-border venture capital investments [J]. Academy of Management Journal, 59 (4): 1407-1429.

LJUNGQVIST A, WILHELM W J, 2003. IPO pricing in the dot-com bubble [J]. Journal of Finance, 58 (2): 723-752.

LOCKETT A, WRIGHT M, 1999. The syndication of private equity: evidence from the UK [J]. Venture Capital, 1 (4): 303-324.

LOCKETT A, WRIGHT M, 2001. The syndication of venture capital investments [J]. Omega, 29 (5): 375-390.

LOU X X, WANG YA. Flow-induced mispricing and corporate investment [J]. DOI: 10. 2139/ssrn. 2169135.

LOUGHRAN T, RITTER J R, RYDQVIST K, 1995. Initial public offerings: international insights [J]. Pacific-Basin Finance Jounal, 3 (1): 139-140.

MACMILLAN I C, SIEGEL R, SUBBANARASIMHA P N, 1985. Criteria usedby venture capitalists to evaluate new venture proposals [J]. Journal of Business Venturing, 1 (1): 119-128.

MAILATH G J, SAMUELSON L, 2006. Repeated games and reputations: long-run relationships [M]. New York: Oxford University Press.

MASULIS R W, NAHATA R, 2009. Venture capital conflicts of interest: evidence from Acquisitions of venture-backed firms [J]. Journal of Financial and Quantitative Analysis, 46 (2): 395-430.

MATTHEW R K, VISWANATHAN S, 2005. Market valuation and merger waves [J]. The Journal of Finance, 59 (6): 2685-2718.

MEGGINSON W L, WEISS K A, 1991. Venture capitalist certification in initial public offerings [J]. The Journal of Finance, 46 (3): 879-903.

MICHAEL C J, WILLIAM H M, 1976. Theory of the firm: managerial behavior, agency costs and ownership structure [J]. Journal of Financial Economics, 3 (4): 305-360.

MILANOV H, SHEPHERD D A, 2008. One is known by the company one keeps: imprinting effects of a firm's network entry on its future status [J]. Frontiers of Entrepreneurship Research, 2 (15): 2-18.

MIRRLEES J A, 1971. An exploration in the theory of optimum income taxation [J]. Review of Economic Studies, 38 (2): 175-208.

MODIGLIANI F, MILLER M H, 1958. The cost of capital, corporation finance and the theory of investment [J]. The American Economic Review, 55 (3): 524-527.

NAHAPIET J, GHOSHAL S, 1998. Social capital, intellectual capital, and the organizational advantage [J]. The Academy of Management Review, 23 (2): 242-266.

NAHATA R, 2008. Venture capital reputation and investment performance [J]. Journal of Financial Ecomomics, 90 (2): 127-151.

NANDA V, NARAYANAN M P, 1999. Disentangling value: financing needs, firm scope, and divestitures [J]. Journal of Financial Intermediation, 8 (3): 174-204.

NEUMANN J V, MORGENSTERN O, 1944. Game theory and economic behavior [M]. Princeton: Princeton University Press.

NORTH D C, 1990. Institutions, institutional change and economic performance. Cambridge: Cambridge University Press.

OSTROM E, 2000. Social capital: A fad or a fundamental concept [J]. Social Capital: A Multifaceted Perspective, 172: 195-198.

PANTZALIS C, PARK J C, 2014. Agency costs and equity mispricing [J]. Asia-Pacific Journal of Financial Studies, 43 (1): 89-123.

PEI LI, Y LU, J WANG, 2016. Does flattening government improve economic performance? Evidence from China [J]. Journal of Development Economics, 123: 18-37.

PENROSE E T, 1959. The theory of the growth of the firm [J]. New York: John Wiley.

PODOLNY J M, 2001. Networks as the Pipes and prisms of the market [J]. American Journal of Sociology, 107 (1): 33-60.

POLK C K, SAPIENZA P, 2009. The stock market and corporate investment: a test of catering theory [J]. Review of Financial Studies, 22 (1): 187-217.

PRAHALAD, C K, HAMEL G, 1990. The Core competence of the corporation

[J]. Harvard Business Review, 5 (6): 3-15.

PUTNAM R D, 1993. Making democracy work: civic traditions in modern Italy [M]. Princeton: Princeton University Press.

QIUHUA X, LI D, LI S, et al., 2021. Do hometown connections affect corporate governance? evidence from chinese listed companies [J]. International Review of Economics and Finance, 73: 290-302.

RAPPAPORT A, 1986. Creating shareholder value: the new standard for business performance [M]. New York: The Free Press.

RAU P R, VERMAELEN T, 1998. Glamour, value and the post-acquisition performance of acquiring firms [J]. Journal of Financial Economics, 49 (2): 223 -253.

REAGANS R, MCEVILY B, 2003. Network structure and knowledge transfer: the effects of cohesion and range [J]. Administrative Science Quarterly, 48 (2): 240-267.

RHODES-KROPF M, ROBINSON D T, VISWANATHAN S, 2005. Valuation waves and merger activity: the empirical evidence [J]. Journal of Financial Economics, 77 (3): 561-603.

RITTER J R, 1984. The hot issue market of 1980 [J]. Journal of Business, 57 (2): 215-240.

RITTER J R, 1987. The costs of going public [J]. Journal of Financial Economics, 19 (2): 269-281.

RITTER J R, 1991. The long-run performance of initial public offerings [J]. The Journal of Finance, 46 (1): 3-27.

RITTER J R, WELCH I, 2002. A review of IPO activity, pricing and allocations [J]. Journal of Finance, 57 (4): 1795-1828.

ROCK K, 1986. Why new issues are underpriced [J]. Journal of Financial Economics, 15 (1): 187-212.

ROGERS E M, BHOWMIK D K, 1970. Homophily-heterophily: relational concepts for communication research [J]. The Public Opinion Quarterly, 34 (4): 523 -538.

ROSENBUSCH N, BRINCKMANN J, BAUSCH A, 2011. Is innovation always beneficial? a meta-analysis of the relationship between innovation and performance in SMEs [J]. Journal of Business Venturing, 26 (4): 441-457.

ROYCHOWDHURY S, 2006. Earnings management through real activities manipulation [J]. Journal of Accounting and Economics, 42 (3): 335-370.

SAHLMAN W A, 1990. The structure and governance of venture-capital organizations [J]. Journal of Financial Economics, 27 (2): 473-521.

SCHOTTER A, 1981. The economic theory of social institutions [J]. Cambridge: Cambridge University Press.

SCHRAND C M, VERRECCHIA, R E, 2005. Information disclosure and adverse selection explanations for IPO underpricing [J/OL]. Available at SSRN: https://ssrn.com/abstract=316824.

SHARPE W F, 1964. Capital asset prices: a theory of market equilibrium under conditions of Risk [J]. Journal of Finance, 19 (3): 425-442.

SHLEIFER A, VISHNY R W, 1997. The limits of arbitrage [J]. The Journal of Finance, 52 (1): 35-55.

SHLEIFER A, VISHNY R W, 2003. Stock market driven acquisitions [J]. Journal of Financial Economics, 70 (3): 295-311.

SHLEIFER A, WOLFENSON D, 2000. Investor protection and equity markets [J]. Journal of Financial Economics, 66 (1): 3-27.

SLOAN R G, 1996. Do stock prices fully reflect information in accruals and cash flows about future earnings? [J]. The Accounting Review, 71 (3): 289-315.

SORENSON O, STUART T E, 2001. Syndication networks and the spatial distribution of venture capital investments [J]. American Journal of Sociology, 106 (6): 1546-1588.

SORENSON O, STUART T E, 2008. Bringing the context back in settings and the search for syndicate partners in venture capital investment networks [J]. Administrative Science Quarterly, 53 (2): 266-294.

STUART T E, HOANG H, HYBELS R C, 1999. Interorganizational endorsements and the performance of entrepreneurial ventures [J]. Administrative Science Quarterly, 44 (2): 315-349.

TAGGART R A, 1977. A model of corporate financing decisions [J]. The Journal of Finance, 32 (5): 1467-1484.

TETLOCK P C, 2010. Does public financial news resolve aymmetric information? [J]. Review of Financial Studies, 23 (9): 3520-3557.

TIAN L, 2011. Regulatory underpricing determinants of Chinese extreme IPO returns [J]. Journal of Empirical Finance, 18 (1): 78-90.

TIAN X, WANG T Y, 2014. Tolerance for failure and corporate innovation [J]. Review of Financial Studies, 27 (1): 211-255.

TIAN X, YE K L, 2017. How does policy uncertainty affect venture capital [J/OL]. http://dx.doi.org/10. 2139/ssrn.2910075,2017(101):132-159.

TITMAN S, 2013. Financial markets and investment externalities [J]. Journal of Finance, 68: 1307-1329.

VLITTIS A, CHARITOU M, 2012. Valuation effects of investor relations investments [J]. Accounting & Finance, 52 (3): 941-970.

WALKLING R A, EDMISTER R O, 1985. Determinants of tender offer premiums [J]. Financial Analyst Journal, 41 (1): 27-36.

WANG C K, WANG K, LU Q, 2003. Effects of venture capitalist's participation in listed companies [J]. Journal of Banking & Finance, 27 (10): 2015-2034.

WILLIAMSON O E, 1985. The economic institutions of capitalism [M]. New York: The Free Press.

WILSON R, 1968. The theory of syndicates [J]. Econometrica, 36 (1): 119-132.

WRIGHT M, LOCKETT A, 2003. The structure and management of alliances: syndication in the venture capital industry [J]. Journal of Management Studies, 40 (8): 2073-2102.

ZHANG C, TAN J, TAN D, 2015. Fit by adaptation or fit by founding? A comparative study of existing and new entrepreneurial cohorts in China [J]. Strategic Management Journal, 37 (5): 911-931.

ZHENG J K, 2004. A social network analysis of corporate venture capital syndications [R]. Waterloo: University of Waterloo.

ZHU D M, SHEN W, 2016. Why do some outside successions fare better than others? the role of outside CEOs' prior experience with board diversity [J]. Strategic Management Journal, 37 (13): 2695-2708.